572.

# RELATION DE L'EMPIRE DE MAROC.

## OU L'ON VOIT LA SITUATION DU PAYS,

Les mœurs, Coûtumes, gouvernement, Religion & Politique des Habitans.

*Par Mr. DE S. OLON Ambaffadeur du Roy à la Cour de Maroc.*

LE TOUT ENRICHI DE FIGURES.

A PARIS,

Chez la Veuve MABRE CRAMOISY.

M. DC. XCV.

# AU ROY.

## SIRE,

Quoique je ne doute pas que VÔTRE MAJESTÉ n'ait eu de temps en temps de fideles Informations de ce qui regarde l'Etat, les Forces, les Coûtumes & la Religion des Maures, & bien que ce que j'en ay vû dans quelques Relations publi-

# EPISTRE.

ques se soit trouvé assez conforme à l'examen que j'en ay fait sur les Lieux-mêmes, toutefois, SIRE, l'obeïssance & l'attention que je dois à l'execution des Ordres de VÔTRE MAJESTÉ, & à ce qu'Elle m'en a fait prescrire dans mes instructions, m'ayant engagé pendant mon sejour dans les Etats de l'Empereur de Maroc à des remarques plus nouvelles & moins connuës, j'ose esperer qu'Elle aura la bonté d'agréer, que sans affecter de grossir le Memoire que j'ay l'honneur de luy en presenter par des repetitions superfluës, de ce que quelques Auteurs en ont écrit, je me contente d'y joindre comme par maniere de supplément, les Obser-

# EPISTRE.

vations particulieres, dont il m'a paru qu'ils n'ont point fait mention, tant pour ce qui concerne le détail & la qualité du Commerce de cet Empire, que le Caractere, les Mœurs & le Genie de ceux qui ont le plus de part à son Gouvernement, & ce que les Conquêtes du Roy qui le possede aujourdhuy, peuvent avoir contribué à l'agrandissement de ses Etats, à l'augmentation de ses Forces, & à l'elevation de cette Vanité, qui ne regne pas moins en luy, que les autres qualitez qui le distinguent si fort.

Quand VÔTRE MAJESTE' s'est resoluë de m'honorer de son choix pour aller conclure en son Nom avec cet Empereur le Traité

# EPISTRE.

de Paix qu'il avoit si fort témoigné desirer depuis quelques années, qu'il sembloit même avoir voulu par avance en applanir toutes les difficultez dans la Lettre qu'il en avoit écrite & envoyée à VÔTRE MAJESTE' par le Consul de Salé, VÔTRE MAJESTE' étoit déja si justement prévenuë par les frequentes épreuves qu'Elle en avoit faites, du peu de fondement qu'on doit asseoir sur ses Propositions & ses Promesses, que l'attention que je devois avoir à ne m'en pas laisser surprendre, étoit un des Articles plus essentiels & plus recommandez dans mon instruction ; aussi est ce à quoy je me suis attaché par toutes les voyes & temperammens qui

# EPISTRE.

m'ont paru plus propres à concilier l'artifice de son Conseil & de ses Ministres, avec l'ardeur & la fidelité de mon zele pour le Service & pour la Gloire de VÔTRE MAJESTÉ.

Ce que je dis même à ce Prince en ma premiere Audiance, & que je repeteray encore à la fin de ce petit Ouvrage, aura pû faire connoître à VÔTRE MAJESTÉ, que je n'ay point non plus ménagé les Eloges ni les Insinuations que j'ay jugé les plus capables de flater son ambition, & de le rendre favorable au succés de vos pieux & solides Projets pour la liberté de vos Sujets Esclaves, & pour la seureté de vos Negotians.

Cependant, SIRE, si

# EPISTRE.

VÔTRE MAJESTÉ, a eu le temps & la curiosité de se faire lire le Memoire ou Journal que je luy ay envoyé de mon sejour & de ma negociation dans les Etats de ce Prince & dans sa Cour, Elle aura vû que non-seulement Elle n'en avoit point pris de fausses idées, mais que bien loin que mes tentatives pour renverser cette foy Punique qui s'y professe aujourd'hui si generalement, & pour en arracher les rejettons devenus plus forts que leur ancienne tige? bien loin dis-je que mes soins & mes efforts ayant pû suffire à les déraciner, ils n'ont pas seulement été capables de les ébranler.

J'aurois lieu, SIRE, à ce propos, de reprendre & rapporter ici la substance ou l'Extrait

# EPISTRE.

de bien des choses que j'ay déduites assez au long dans ce Journal, si la crainte de me trop éloigner de mon entreprise, qui suivant les Ordres de VÔTRE MAJESTE', ne doit regarder que l'Etenduë, le Gouvernement, les Forces & le Commerce de l'Empire de Maroc, ne m'obligeoit à supprimer tout ce qui n'a point de rélation directe à leur execution.

Ce que neanmoins je ne croy pas devoir commencer sans faire auparavant à VÔTRE MAJESTE' cette remarque aussi necessaire que veritable, que tout ce que le maneige & les discours des Ministres du Roy de Maroc m'ont fait entrevoir de ses desseins & de ses resolutions au sujet des tenatives qu'il faitt

# EPISTRE.

de temps en temps auprés de VÔTRE MAJESTÉ, ne seront & n'ont jamais été autres, quelles qu'en soient les démonstrations, que de s'attirer des Presents, des Honneurs, & des secours pour la Conquête de ce que les Espagnols tiennent encore dans son Païs.

Outre que comme ce Prince & ses Ministres connoissent parfaitement que Vos bontez & Vôtre compassion pour vos pauvres Sujets Esclaves, sont les seuls motifs qui vous portent à les écoûter, il faut compter qu'ils ne se déferont point de ces Esclaves, tant qu'ils se verront dans le besoin & dans l'espoir d'en tirer les avantages que je viens de remarquer; qu'ils ne traiteront jamais qu'à des conditions de cet-

# EPISTRE.

te nature, & qu'ils tâcheront toûjours d'exiger ou de procurer par quelle voye que ce soit, que l'effet qu'ils croiront en devoir attendre precede l'execution de ce qu'ils en auront promis.

Il ne me reste plus, SIRE, aprés cela, qu'à representer à VÔTRE MAJESTÉ, que je me suis attaché si particulierement à l'Examen de tout ce qui fait le sujet de ce Memoire, que je puis bien l'assûrer qu'il ne contient rien qui ne soit tres-conforme à l'effet & à la verité; j'ose esperer aussi des bontez de VÔTRE MAJESTÉ, qu'Elle en excusera d'autant plus facilement les omissions & les défauts, que par le compte que j'ay eu l'honneur de lui rendre de mon sejour & de ma negociation

# EPISTRE.

en ce Royaume, où j'ay presque toûjours été retenu & observé tres-exactement, & où l'on ne souffre pas volontiers qu'on s'informe des Affaires & du Pays, Elle aura connu le peu de Commerce & de Relations que j'ay pû avoir avec ce qui m'en auroit facilité une connoissance plus parfaite & plus capable de confirmer à VÔTRE MAJESTÉ la fidelité du zele ardent & respectueux avec lequel je suis inviolablement,

SIRE,

DE VÔTRE MAJESTÉ.

Le tres-humble, tres-obeïssant, & tres-fidele Sujet & Serviteur
PIDOU DE S. OLON.

# AU LECTEUR.

L'Epître que Vous venez de voir vous fait assez connoître que cet Ouvrage n'avoit point été fait pour être public, & ce que vous en verrez dans la suite vous persuadera encore mieux que je ne suis pas doüé des Talents necessaires pour m'ériger en Auteur. Ainsi ne vous attendez pas d'y trouver ni l'arrangement, ni les ornemens, ni l'éloquence de ceux de cette Profession, & lisez-le s'il vous plaît, avec toute la prévention d'indulgence que

## AU LECTEUR.

vous ne sçauriez équitablement refuser à la priere & à l'aveu que je vous en faits.

Ce n'est ici qu'un Memoire tout simple & tout naturel, de ce que j'ay remarqué dans mon Voyage de plus propre à remplir l'obligation ordinaire de ceux que le Roy honore de ses ordres chez les Princes Etrangers: J'ay tâché de le rendre le plus veritable & le plus court qu'il m'a été possible, & d'y éviter également l'exaggeration & la repetition des differens Auteurs qui font mention de ce Païs-là.

Je ne me suis aussi déterminé à vous le presenter, que sur les pressantes instances

## AU LECTEUR.

qui m'en ont été faites par un grand nombre de Perſonnes, dont le rang & le merite ou l'amitié ne m'ont pas laiſſé la liberté de m'en excuſer : ainſi pourvû que vous ayiez la même bonté qu'eux pour l'Auteur, & la même curioſité pour l'Ouvrage, nous ſerons également contents; vous de le lire, & moy de vous l'avoir donné.

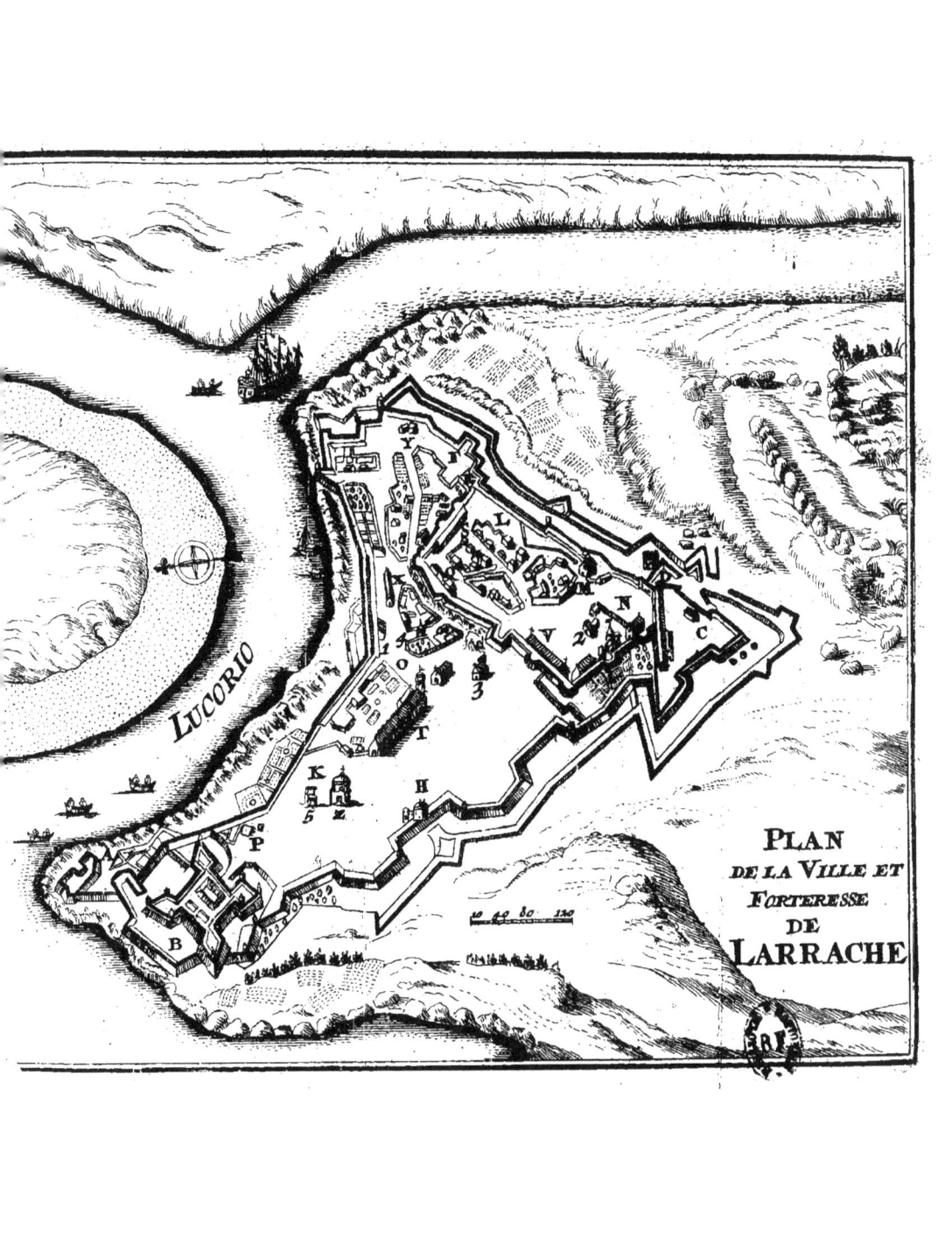

# ESTAT PRESENT DE L'EMPIRE DE MAROC.

**M**ON dessein n'étant pas de suivre ici l'Histoire, & de rechercher l'origine de tout ce qui compose à present l'Empire de Maroc, mais de donner, comme je l'ay dit, une Relation exacte & précise de son étenduë, de ses limites, de ses forces, de son commerce & de son gouvernement. Je croi qu'il suffira d'en preparer l'idée par un extrait le plus abregé qu'il sera possible de la maniere que le fameux Mouley Archy Roy de Tafilet, & Moulla Ismaël

*Dessein de l'Auteur.*

son frere & son successeur immediat, ont réüni les Royaumes de Maroc, Fez, Tafilet, & Suz, & la vaste Province de Dara sous une même puissance, & en ont formé ce grand Estat où nous voyons regner aujourd'hui ce dernier si souverainement.

*Histoire du Roy de Tafilet.*

Mouley Cherif Roy de Tafilet & Pere de Mouley Archy, qui remontent leur genealogie jusqu'à Mahometh duquel ils se font descendre par sa Fille Fatine, eut en mourant pour successeur de son Royaume Mouley Hameth aîné des 84. enfans mâles, & 124. filles qui lui survécurent; mais Mouley Archy l'un de ses freres, dont le cœur fier & ambitieux ne pouvoit se résoudre à obeïr, ne l'en laissa pas joüir long-temps avec tranquillité; & soutenu par quelques-uns des principaux Alcaydes qu'il engagea dans ses interests, il forma des desseins dont les com-

## DE MAROC.

mencemens neanmoins ne répondirent pas aux projets de son ambition, car le Roy les ayant prévenus, fit prendre & mourir les Alcaydes, & le fit enfermer dans une prison.

Cependant ce Prince ayant trouvé moyen de s'en sauver, & plûtoft aigri qu'attiré par la douceur de ce traitement, assembla des troupes, & tenta de nouvelles entreprises ; mais le succez n'en fut encor que de se laisser prendre & renfermer une seconde fois.

Cette prison quoi que plus longue & plus resserrée que la premiere, ne produisit pas un meilleur effet : car le Noir à qui le Roy en avoit confié la garde, & qu'il avoit choisi parmi les siens comme le plus fidele, ne le fut pas assez pour resister aux caresses & aux grandes esperances dont Mouley Archy le flatta pour en obtenir sa liberté ; ils en concerterent ensemble les moyens & les executerent. Mais persuadé qu'il n'estoit pas sûr de se fier à celui qu'il voyoit capable de trahir ainsi son Maître, & craignant pour soy un semblable retour, il ne le paya d'un service si important que par la mort qu'il lui donna d'un coup de sabre en se sauvant.

Il se retira à Zaoüias où commandoit le Morabite Benbucar, que les habitans de cette Province avoient éleu pour leur Prince à cause de sa vertu.

Ceux qu'on appelle Morabites en Affrique sont comme nos Hermites. Ils font profession de science & de sainteté, & ils se retirent dans les déserts, où le peuple qui les a en tres-grande veneration va quelquefois les chercher jusques au fonds de la solitude pour leur mettre la Couronne sur la teste, ainsi qu'il avoit fait à Benbucar.

Mouley Archy cachant ce qu'il estoit, alla luy offrir son service en qualité de simple soldat. Ce bon vieillard le receut favorablement, & l'ayant connu homme de merite, il lui donna dans la suite divers emplois, dont il s'acquitta si bien, qu'il acquit en peu de temps son estime & son amitié.

Cependant ayant esté reconnu par quelques Arabes de Tafilet qui avoient apporté des dattes à vendre, & qui furent aussi-tôt le saluër comme frere de leur Roy; les fils de Benbucar le soupçonnerent de n'estre pas venu ainsi déguisé dans leurs Etats sans quelque dessein, & resolurent de le faire mourir.

Ils luy dresserent à cet effet une Embuscade dont il s'échappa & se sauva à Quiviane, où ayant aussi offert ses services à celui qui en étoit le maître de la même maniere qu'il avoit fait à Benbucar, il s'y fit encore si bien valoir, qu'il en devint en peu de temps le premier Ministre & le Favori.

Mais l'autorité de son poste, la confiance & l'amitié de son Maître & celle qu'il avoit eu l'adresse de s'acquerir parmi ses peuples, ne servirent que de nouveaux aiguillons à son ambition. Il se persuada que la conqueste de cet Etat, où il étoit déja si absolu, ne lui seroit pas moins facile que lui avoit esté l'élevation où il se voyoit ; il se servit des tresors mêmes de son bienfaicteur pour s'attirer ceux dont il ne se croyoit pas assez assuré : & y ayant réüssi selon ses souhaits, il s'empara en peu de temps & sans peine du Prince de Quiviane, de ses biens, & de tout son Païs ; & jugeant que sa mort étoit le plus sûr moyen de s'en affermir la possession, il s'en défit, & ensuite il leva des troupes avec lesquelles il se mit en état d'aller exercer contre son Frere son ressentiment & ses premiers desseins.

Mouley Mehemet qui en eut avis travailla de son côté à le prevenir : & s'estant mis en campagne pour cet effet, ils se donnerent l'un à l'autre divers combats, dans lesquels Mouley Archy ayant presque toûjours eu l'avantage, il réduisit son Frere à se renfermer dans Tafilet, où le chagrin de ses disgraces, & la crainte de l'inhumanité de son vainqueur le firent mourir. Ainsi cette mort l'ayant délivré de son principal competiteur, & mis en chemin de suivre ses conquêtes, il les poussa avec tant de courage, de conduite & de bonheur, qu'il se soumit encor en assez peu de temps Salé, qui étoit une ville libre, & les Royaumes de Fez, de Maroc & de Suz, dont les uns se rendirent à la force de ses armes, & les autres à la terreur qu'elles y répandoient.

Il n'en joüit pas cependant aussi long-temps que son âge & sa fortune sembloient le luy promettre; & il ne put éviter dans son propre Palais, & à quarante ans la mort qu'il avoit tant de fois affrontée dans les combats. Ce fut dans une Feste, où ayant assemblé sa Noblesse & fait excés de vin avec ses plus particuliers amis, ce qui lui arrivoit assez frequemment, il s'avisa en cet état de vouloir caracoller dans ses Jardins, où en passant sous une allée d'orangers son cheval l'emporta si violemment, qu'une grosse branche d'un des orangers lui fracassa le crâne, & le mit en trois jours dans le tombeau.

L'ordre & la paix que ce Conquerant commençoit à établir dans ses Etats furent bien-tôt troublez par l'accident impréveu de cette mort, arrivée en l'année

1672. Car ceux de sa famille ausquels il avoit confié le gouvernement de ses Royaumes, voulurent se rendre maîtres du Païs où chacun d'eux commandoit; mais Moulla Ismaël qui se trouva le plus brave, le plus entreprenant, & le plus estimé, fut aussi celui qui sçut le mieux en profiter.

Il se fit d'abord reconnoître Roy de Tafilet, il s'empara des tresors de son Frere, il se mit en campagne avec le plus de troupes qu'il put ramasser ; & aprés en avoir gagné quelquesuns par promesses ou par presens, il vainquit les autres par les armes, & se rendit le maître de tout.

Celui d'entre ses concurrens qui lui fit plus de peine fut Mouley Hameth son Neveu, lequel s'étant aussi fait reconnoître Roy de Maroc & de Suz, & s'étant opposé à lui avec des forces considerables, l'a obligé pendant deux ou trois ans à divers sieges ou combats, dont les desavantages qu'il y a souffert, l'ont enfin réduit à se soumettre comme les autres, & n'ont servi qu'à faire d'autant mieux éclater la conduite & la valeur intrepide de ce Prince, qui ne doit qu'à ces deux qualitez la libre & souveraine possession où il se trouve aujourd'hui de tout cet Empire, dont l'étenduë n'est pas moins considerable, que sa situation.

*Etenduë de l'Empire de Maroc.*

Il a bien 250. lieuës de distance du Nord au Sud, & 140. de l'Est à l'Oüest ; ses limites sont du côté d'Orient le Royaume d'Alger qui le confine à Tremecen, l'Ocean Athlantique à l'Occident, le Fleuve Dara au Midy, & la Mer Mediterranée au Septentrion, à l'exception neanmoins de trois Places que les Princes Chrétiens tiennent encore sur ses Côtes, à sçavoir Mazagan, occupé par les Portugais sur l'Ocean, & Ceüta & Melilla par les Espagnols du côté de la Mediterranée, l'une à l'embouchure du Détroit, & l'autre plus en deçà.

Il n'y a que peu de temps que ces derniers avoient aussi deux autres tres-bonnes Places sur l'Ocean, qui sont la Rache & la Mamorre, qu'ils se sont laissé enlever par Moula Ismaël, la premiere en l'an 1681. & l'autre en 1689. Les Anglois y étoient aussi maîtres de Tanger dans le Détroit, mais ils l'ont abandonné depuis quelques années en ruïnant son Port & ses Fortifications.

De sorte que l'Empereur de Maroc a presentement pour Places considerables sur ses côtes de l'Ocean Sainte Croix, Safy, Salé, la Mamorre, la Rache, Argile & Tanger; & sur la mediterranée Zaffarine & Tetoüan, encore cette derniere est-elle située dans les terres à deux lieuës de la marine, & sans aucune fortification, aussi n'est-elle que comme un bourg assez bien bâti & fort peuplé.

*Tetoüan.* Les Habitans de Tetoüan, qu'on fait monter à plus de quinze mille, se disent Andalous, & parlent presque tous Espagnol; car tout le monde sçait que les Maures ont esté maîtres de l'Espagne pendant six ou sept cens ans, & qu'aprés bien des efforts que les originaires du païs avoient fait inutilement pour les en chasser, Ferdinand plus heureux les soumit entierement à son Empire, & les obligea à embrasser exterieurement la Religion Romaine, pendant qu'ils travailloient secrettement à la ruïne de l'Etat. Mais Philippes III. ayant découvert leurs menées les en chassa en 1610. Ils en sortirent au nombre de plus de cent mille de tout sexe & de tout âge, & la plus grande partie se retira en Affrique, & s'établit à Salé & à Tetoüan.

Ils sont blancs, assez polis & fort affables aux Etrangers & aux Chrétiens. Le Consul François & tous les Marchands qui y sont établis, quoi que de nation & de Religion differentes, y entretiennent à frais communs, outre le droit de trois écus qui se leve pour ce sujet sur chaque Vaisseau, Tartane ou Barque qui y abordent, un petit Hôpital avec deux Recollets Espagnols pour le service de la Religion, & pour la consolation des esclaves : Il y en a autant à Salé, & de la même maniere.

Il n'y a aucun bon Port en pas une de ses Places; les meilleurs seroient Tanger, la Mamorre & Salé, mais on n'y peut entrer que par une barre qui en rend l'abord impraticable à toute sorte de gros Bastimens, ce qui fait aussi que le Roi ni ses Corsaires ne sçauroient y armer que des Brigantins ou Fregates legeres, qui vont en course pour pirater.

*Vaisseaux & forces de mer du Roy de Maroc.*

Le nombre de ces Bastimens n'est jamais fixé, il se regle suivant ce qu'il s'en perd ou ce qu'il s'en construit : il y en a presentement douze ou treize, dont six sont au Roy, & le reste à des particuliers ; ils sont de dix-huit à vingt pieces de canon, les plus forts n'en passent pas vingt-quatre, mais ils ont jusqu'à deux cens hommes d'equipage, & sont la pluspart fort mal en ordre à cause de la disette du païs pour les munitions, voiles, cordes & autres aprets, en sorte que si les Maures n'en tiroient comme ils font de temps en temps des Anglois & Hollandois, ce nombre se réduiroit bien-tôt & bien facilement à un plus petit.

L'entretien des Vaisseaux du Roy de Maroc ne lui coûte rien ; c'est l'Alcayde ou Gouverneur du lieu où ils sont qui en paye les officiers & l'équipage ; s'ils font des prises le Roy en a la moitié, & l'autre se partage entre l'Alcayde & les Officiers, qui en donnent aussi quelque portion à l'équipage; mais pour les esclaves, le Roy les prend tous, en payant cinqante écus pour chacun de ceux qui ne sont pas compris dans sa moitié.

Les vaisseaux des particuliers sont aux frais des Armateurs, dont ils se remboursent sur le produit des prises, sur lesquelles le Roy prend le cinquiéme avec tous les esclaves, moyennant aussi cinquante écus pour chacun.

Des quatre Royaumes specifiez cy-dessus, Maroc & Fez sont les plus grands & les plus considerables, leurs capitales portent leurs mêmes noms. Celle de Maroc étoit autrefois tres-peuplée & fort renommée pour sa beauté & sa richesse, mais elle en est à present beaucoup décheuë, &

ne contient pas plus de vingt-cinq mille habitans; ses ruës paroissent presque desertes, & personne ne prend soin de reparer les ruïnes qui s'y accumulent tous les jours & qui la defigurent entierement; son Palais & cette Mosquée si fameuse par sa grandeur & par ses ornemens, aussi bien que par ses portes de bronze & ses trois Pommes d'or, qu'on disoit enchantées ne sont plus rien, Moulla Ismaël n'a point apprehendé les vains pronostics de malediction contre ceux qui les osteroient, son avidité pour l'argent plus forte en cette occasion que la superstition assez ordinaire aux Maures, l'a déterminé à les faire enlever & enfoüir dans son invisible & inutile tresor; j'expliquerai dans la suite ce qui me le fait qualifier ainsi.

On prétend que ces Pommes d'or dont je viens de parler ont esté

esté mises sur cette Mosquée par la femme de ce grand Almanzor si celebre & si connu dans l'Histoire par la conqueste de l'Espagne. On dit donc que cette Reine voulant laisser à la posterité un monument de sa grandeur, employa à sa construction la plus grande partie de ses joyaux & de sa dot : Que ces Pommes avoient esté posées sous une telle constellation du Ciel, qu'on ne pouvoit les en ôter ; & que l'Architecte avoit obligé certains Esprits par des conjurations à en être les gardiens. On assure mêmes que plusieurs Rois qui les ont voulu prendre en ont toûjours esté retenus par quelque accident : & les Maures tres credules sur la magie, s'étoient imaginez jusqu'à present qu'en vertu de cette conjuration le Diable romproit le cou à celui qui entreprendroit de les enlever ; mais ce Roy-ci moins credule & moins scrupuleux les en a détrompez.

Safy & Magazin situées sur les côtes de l'Ocean, & dont la derniere est une grande & belle ville possedée par les Portugais qui y tiennent une bonne garnison, sont aprés cette Capitale les seules villes de ce Royaume qui meritent qu'on en fasse mention ; car bien que son étenduë qui se divise en sept Provinces, soit assez grande, il n'est pas neanmoins fort peuplé, à cause que son territoire sablonneux, sec & ingrat dans sa plus grande partie, n'y permet pas l'abondance des grains ni des bestiaux ; il n'est fertile qu'en Chameaux; qui s'y trouvent en nombre & à bon marché, en mines de cuivre, cire, & amandes, dont il se fait un grand débit en Europe.

On estime qu'il peut y avoir dans ses campagnes jusqu'à trente mille cabanes d'Adoüars, qui font prés de cent mille hommes payans garamme, c'est-à-dire payans annuellement au Roy un tribut de la dixiéme partie de tout ce qu'ils possedent, à quoi ils commencent d'être sujets dés qu'ils ont atteint l'âge de quinze ans.

Un Adoüar est une espece de Village ambulant (car il y en a tres-peu de bâtis & de stables en toute l'Affrique) composé de quelques familles Arabes qui campent sous des tentes, tantôt en un lieu, tantôt en un autre, selon que la bonté du terrain les y excite, & que la subsistance de leurs bestiaux, en quoy consiste tout leur bien, le requiert: chaque Adoüar a son Marabon & se soumet à la conduite d'un Chef qu'ils s'élisent entr'eux; chaque famille occupe une tente ou cabane, & y couche pesle-mesle, avec ses bœufs, moutons, chameaux, poules, chiens, &c. Rien n'est comparable à leur mi-

*Adoüars*

fere & à leur mal-propreté, cependant ce sont eux qui font les revenus du Roy les plus reglez & les plus certains : c'est ordinairement un Noir de sa garde qui va exiger leurs tributs, & qui bien que seul, fait joüer la bâtonnade comme il lui plaît contre le moindre défaillant, sans qu'aucun ose s'y opposer ni s'en plaindre.

Quand les Arabes transportent leurs Adoüars, ils mettent leurs femmes & leurs enfans sur des chameaux dans des machines d'ozier couvertes de toile & faites en formes de niches, mais toutes rondes, qui les couvrent entierement de l'ardeur du soleil, & d'où neanmoins elles peuvent prendre l'air de tel côté qu'elles veulent : si les chameaux ne suffisent pas pour leur bagage, ils le font porter par leurs taureaux & vaches; qui ont des Bats, ce que je n'avois point encore veu dans les autres païs.

Le Royaume de Fez, connu anciennement sous le nom de Mauritanie Tingitane, n'est pas moins grand que celui de Maroc, & se divise comme lui en sept Provinces; mais il est beaucoup plus fertile, mieux peuplé, & plus abondant en toutes sortes de grains, bestiaux, legumes, fruits, & cire; il le seroit encore davantage si l'on prenoit plus de soin de le cultiver, mais la bonté du terroir qui produit presque de soi-même, la non-chalance des habitans qui se contentent de ce qui suffit à leur subsistance, & leur scrupuleux entêtement à ne vouloir point laisser sortir leurs grains, font cause que plus de la moitié de ces terres demeurent en friche.

*Royaume de Fez.*

Il y a quelques mines de fer, mais ils ne sçavent pas le raffiner, & ils ne s'en servent qu'à faire des Clouds & d'autres ferremens grossiers.

Ce Royaume a pour confins d'un côté celui de Maroc, & de l'autre celui d'Alger ; il est traversé par le rapide Fleuve du Sebou qui passe à demie lieuë de sa capitale, & va se décharger par la Mamorre dans l'Ocean. Ce Fleuve est le plus beau de tous ceux de l'Empire de Maroc, & a sur ses bords au dessus de la Mamorre une grande forest, qui peut fournir à la construction de quantité de vaisseaux : on dit aussi que peu loin de sa source il y a un fort beau Pont de pierres & de briques de cent cinquante toises de longueur, ce qui seroit remarquable & extraordinaire s'il n'estoit pas ancien ; car non-seulement on ne s'attache plus en ces pays aux édifices publics, mais on n'y prend pas même le moindre soin des reparations requises dans ses Chemins, pour la facilité de ce qu'on est obligé d'y faire passer ; il est vray aussi que n'y ayant aucune autre alleure ni voiture que celle du Cheval ou du Chameau, ces reparations n'y sont pas si absolument necessaires, qu'elles le seroient ailleurs.

A propos de quoi je remarquerai qu'il n'y a ni postes ni voitures publiques établies en tous ces païs, & que les correspondances qui n'y sont pas frequentes, ne s'y entretiennent que par des exprés à pied ou à cheval, qui font cependant assez de diligence & ne coûtent pas beaucoup, tant parce que les hommes & les Chevaux sont durs à la fatigue, qu'à cause qu'ils s'y nourrissent de peu de chose & à tres-bon marché.

On s'y sert pour les affaires importantes & pressées d'une maniere de monture qu'on nomme Dromadaire, qui est une espece de Chameau, & n'en differe que par sa vîtesse & sa maigreur, qualitez qui lui sont naturelles & tout-à-fait particulieres ; car on

*Dromadaires.*

observe, à ce que disent ceux du païs, que cet animal fait par jour autant de lieuës qu'il est de jours à dormir, & sans voir clair en naissant, de sorte que s'il dort pendant six jours aussi-tôt aprés qu'il est né, il fait par jour soixante lieuës, & plus ou moins à proportion.

J'en ay veu un de cette espece à Miquenez, sur lequel on a voulu me faire croire que l'Oncle du Roy avoit fait jusqu'à cent lieuës en un jour, ce qui me paroît neanmoins tenir un peu de l'exageration ; ceux qui l'assurent y ajoûtent que la fatigue de cette alleure qui n'est qu'un entrepas fort precipité, en égale la diligence, & qu'il ne seroit pas possible de la soûtenir, si l'on ne se faisoit attacher sur la selle, & couvrir la bouche de crainte de suffocation ; en effet il ne faut pas douter, si cela est veritable, qu'on ne se trouve harrassé outre mesure, au bout d'une course de cette haleine & de cette vîtesse-là.

On estime que les Adoüars des Arabes dans le Royaume de Fez y composent prés de trois cens mille hommes payans garammes. Sa Capitale qui porte son nom est sans contredit la plus belle, la plus riche, & la plus marchande qu'aucune autre Ville de l'Empire de Maroc : Elle se divise en vieille & nouvelle Ville, bien basties & peuplées de plus de trois cens mille ames; la vieille Ville est habitée par des Blancs, & la nouvelle par des Noirs : Elles contiennent toutes deux tant de Portes, de Ponts, de Fontaines, & Places publiques, de Gemmes ou Mosquées, de Colleges & de beaux Edifices, que l'ample description que Dapper en fait dans son Histoire de l'Affrique, n'est pas moins digne de la curiosité des Lecteurs, que toutes ces choses le sont elles-mêmes de celle des Voyageurs qui vont en ce païs-là. Pour moy à qui l'on n'a pas voulu permettre d'y aller, quoiqu'elle ne soit éloignée de Miquenez que d'une journée, je suis reduit comme les autres à m'en rapporter aux Relations.

Ce Royaume a encore pour Villes remarquables Theza, Miquenez, la Mamorre, Arzille, la Rache, Salé, Tanger, Ceüta, Alcaffar & Tetoüan.

Miquenez est la demeure du Roy, & située dans le milieu des Terres: elle est petite, mais si remplie d'habitans, dont on fait monter le nombre à plus de soixante mille; qu'on ne sçauroit passer dans ses ruës, d'ailleurs tres-étroites, qu'en s'y entrechoquant; j'en parleray plus amplement dans un autre endroit.

Theza est une petite Fortereſſe entre Fez & Miquenez.

Les autres Villes bordent la Mer, & ſont toutes aſſez peuplées & fort marchandes ; elles le ſeroient encore davantage ſi elles avoient quelque bon Port ; mais la Barre que j'ay déja dit qui regne en toutes ces Coſtes, n'y en permet aucun.

Tetoüan & Salé ſont celles où les bâtimens de Mer abordent plus facilement & plus frequemment, ce qui a donné lieu à pluſieurs marchands de diverſes Nations de s'y habituer, & au Roy de France d'y établir en chacune un Conſul pour la commodité du Commerce, & pour ſa ſeureté, c'en eſt au moins l'intention, mais que je puis dire eſtre ſans effet par les manieres barbares & intereſſées de ces ennemis de la politeſſe & de l'honneſteté, qui les portent, ainſi que je l'ay vû, à une conſideration bien plus grande pour le moindre Marchand, par rapport au profit qu'ils en esperent, que pour les Consuls, dont le caractere qui leur est infructueux, est tous les jours exposé aux bizarreries de leurs caprices & aux indignitez de leurs mépris.

Salé. Salé est plus connuë & plus renommée que les autres à cause de ses Corsaires & de son Havre, qui n'est propre neanmoins que pour de petits Bâtimens. Elle est encore considerable par ses Forteresses, par ses deux Villes divisées comme à Fez en vieille & nouvelle, & par son grand Commerce; ses habitans qui ne sont pas plus de vingt mille, se qualifient d'Andalous, comme ceux de Tetoüan; elle avoit autrefois de beaux Edifices que les guerres & ses revoltes ont presque tous ruinez. Elle a fait de la peine pendant quelque temps aux Rois de Maroc, dont elle vouloit secoüer la domination ; mais Mouley Archy la reduisit en 1666. par le gain d'une grande bataille contre le fameux Gayland Seigneur de Tetoüan, d'Arzile & d'Alcaſſar, dont elle avoit recherché la protection ; ces ceux Villes ſont ſeparées par la riviere de Guerou, celle qui eſt du côté du Sud a deux Châteaux au haut d'une petite montagne qui eſt ſur le bord de la Mer ; ils ſe communiquent par une grande muraille, & contiennent environ trente pieces d'Artillerie aſſez mal en ordre ; il y a un Fortin au deſſus du vieil Château ſur l'embouchure de la riviere, garni de trois Canons de fer & de deux de bronze de douze à quinze livres de balle, pour faciliter la retraite de ſes Corſaires quand ils ſont pourſuivis.

Alcaſſar s'eſt auſſi renduë fameuſe par la grande bataille que Dom Sebaſtien Roy de Portugal

Alcaſſar.

perdit avec la vie en l'année 1578. dans la plaine qui est entre cette Ville & la Riviere de Moukazem; elle est petite, peu remplie d'habitans & fort mal bâtie, mais dans une situation agreable par cette Riviere & par les beaux jardins qui l'environnent de tous côtez, Gayland y faisoit sa principale demeure dans un assez grand Palais, qui est presentement tout ruiné; je ne puis m'empêcher de dire en passant que je crois que cette Ville est le reduit de toutes les Cicognes de cette Barbarie, & qu'il y en a plus que d'habitans, je n'en ay jamais tant vû ensemble & dans un même endroit; aussi y sont-elles en seureté, car les Maures tiennent à peché d'en tuer, & le défendent tres-rigoureusement, à cause qu'ils croyent qu'à la priere de Mahometh Dieu a transformé en ces oiseaux une troupe d'Arabes qui voloient les Pelerins de la Meque.

Ceüta est, comme j'ay déja dit, aux Espagnols, lesquels outre cette place considerable, en tiennent encore une autre en ce même Royaume, & sur le bord de la Mer en tirant vers Alger qui est Melille, & le Pennon de los Velez, petite Forteresse bâtie sur la pointe d'un Rocher entouré d'eau, & si bien située qu'elle est presqu'imprenable.

Le Royaume de Suz est contigu à celui de Maroc entre son Midi & son Couchant; il est petit & peu rempli d'habitans, y en ayant même une bonne partie presque deserte vers le côté des Negres; il peut y avoir dans ses campagnes environ quinze mille Adoüars d'Arabes, tous gens braves, entreprenans, & impatiens de la domination; le Roy d'à-present a eu beaucoup de peine à les assujettir,

*Royaume de Suz.*

C

encore y a-t-il deux montagnes dont il n'a pû venir à bout jusqu'à present, ceux qui les habitent ne le reconnoissant point, & se gouvernant par un Chef qu'ils se font eux-mêmes.

Ses deux Villes principales sont Illec & Tarudante, grandes & assez peuplées, eu égard au reste du Païs, y ayant bien en chacune cinquante mille habitans, le Roy n'y envoye point d'Alcaydes, comme dans celles de ses autres Royaumes, il n'y tient qu'un Capitaine, qu'on nomme Bascha, & qui a sous lui des Officiers, dont il se sert pour l'execution de ses Ordres dans tout le païs, mais avec ménagement ; les Maures y sont traitez bien plus doucement qu'à Maroc & à Fez, ils n'y payent que leurs redevances annuelles, & ne sont sujets ni contraints à aucune Garamme extraordinaire, la politique du Roy l'engage à en user ainsi pour ne point donner de prétexte à leur penchant tumultueux, & à la facilité que la situation du Païs feroit trouver à leur rebellion.

Le Païs habité est assez fertille en grains, legumes, fruits & olives, ses Montagnes sont abondantes en mines de cuivre, & l'on prétend qu'il y en a aussi quelques-unes d'or.

La ville de Sainte Croix située sur l'Ocean, est des dépendances de ce Royaume, & il s'y fait un commerce assez bon, tant des Marchandises qu'on y porte de Maroc, que de celles que le Païs même produit, qui sont comme à celui-là du Cuivre, de la Cire & des Amandes, & de plus de fort belles plumes d'Autruche.

Le Royaume de Tafilet est encore assez petit, & n'a de Ville remarquable que sa Capitale, qui porte son même nom; elle

*Royaume de Tafilet.*

n'est fermée que de murailles, mais elle a un assez bon Château.

Ce Royaume situé au delà du Mont Atlas, & anciennement connu sous le nom de Numidie, ne comprend qu'un terroir sablonneux & ingrat entre les deserts de Zaharra & la Province de Dara, ayant au Septentrion le Royaume de Maroc, dont il est separé par le Mont Atlas: il est aussi sterile en bleds & autres grains, qu'abondant en Dattes; toutes celles qu'on transporte en Europe venans de là parce que le Roy de Maroc ne veut pas permettre qu'on en transporte d'ailleurs; c'est encore ce qui y sert de nourriture ordinaire au lieu de pain, avec de la chair de Chameau, la sécheresse du Païs n'y permettant pas la subsistance d'aucuns autres bestiaux, si ce n'est d'une espece de Mouton sans Cornes & sans Laine, qu'on dit y être toûjours gras & de fort bon goût, les Chevaux y sont communs & beaux, & n'y sont nourris que de Dattes.

Son peu d'étenduë n'empêche pas que le Roy ne le regarde, & ne le traite comme le plus noble de tous ces Royaumes, parce qu'il passe parmi les Maures pour le premier qui a suivi leur Prophete & son Alcoran ; de sorte que ses habitans qui ne sont pas en grand nombre, tiendroient à deshonneur pour eux & pour leur Loy, d'être gouvernez par d'autres que par des décendans de ce Prophete, ce qui engage le Roy à y tenir toûjours un de ses Enfans pour Gouverneur ; celui qui y est à present se nomme Moulla Bensar, & n'y est pas moins avide & absolu pour les xactions & garammes, que les Alcaydes le sont ailleurs ; cette prétenduë Noblesse ne l'en mettant point à couvert.

Il croit de l'Indigo dans ce Païs, dont les Peuples joignent le trafic à celui des Dattes; ils fabriquent aussi de certaines Toiles rayées de soye à la Moresque, qu'ils nomment Haïques, & qui pour être fort en usage dans toute la Barbarie, s'y debitent facilement, & avec profit; ce qui leur est d'un grand secours pour le payement de leurs garammes.

Les anciens Rois de Tafilet se disoient aussi Seigneurs de Dara, grande Province contiguë & dépendante de ce Royaume, auquel son territoire aussi-bien que son produit, ses habitans & leur nourriture ont beaucoup de rapport.

Voilà ce qui se peut dire en peu de mots de plus juste & de plus précis, touchant l'étenduë, la situation, & la qualité de ces Royaumes, dont si l'on souhaite une plus ample information, il n'y a qu'à consulter Dapper & Marmol dans leurs Histoires & Geographies d'Affrique, pour y satisfaire parfaitement sa curiosité : pour moy qui n'ay en veuë que de donner une idée de leur État & Gouvernement present; j'ay crû qu'il suffiroit d'en tirer ce simple extrait, pour en faire ensuite l'application necessaire à l'accomplissement de mes ordres & de mon sujet.

En consequence desquels aprés avoir remarqué que ces Affriquains en general sont peu braves & peu aguerris, adroits à cheval & à la lance, forts & infatigables, spirituels, mais point polis, jaloux, impudiques, menteurs, superstitieux, hypocrites, fourbes, cruels, & sans foy; que les moins barbares sont ceux qui habitent les Côtes de la Mauritanie Tingitane, & le Royaume de Fez, & que de tous les Chrétiens, dont ils sont ennemis ir-

*Caractere des Affriquains.*

reconciliables, par la prévention de leur Loy, les François sont ceux qu'ils estiment & craignent davantage.

Aprés avoir encore observé que si ces Païs étoient en toute autre main que de ces Infideles, qui par la rusticité qui leur est naturelle, & par l'ignorance qu'ils affectent, ne s'appliquans pour la plûpart à d'autre étude qu'à celle de leur Alcoran, les negligent & ne sçavent pas en connoître l'utilité, il y auroit dequoy en faire un Estat délicieux & florissant, tant par sa propre situation, & par la beauté & pureté du climat, assez temperé dans tout ce qui est en deçà du Mont Atlas, que par la fecondité & qualité de ses habitans sains & robustes, par la quantité, la douceur & la fraischeur de ses Eaües, par l'abondance & la bonté de ses Pâturages, par celle des terres qui produisent presque d'elles-mêmes, & qui seroient d'une fertilité merveilleuse, si l'on prenoit soin de les cultiver; par le mélange utile & agréable de ses Contrées, en Bois, Plaines, Côteaux, Montagnettes & Valons, par le bon goût de ses Legumes, de ses Fruits & de ses Vins, & par la facilité du commerce & transport de toutes ses Denrées.

Aprés avoir enfin déploré le malheur de voir un si riche tresor, enfoüi, pour ainsi dire, dans le centre de la paresse, de l'ignorance, & de l'inhumanité; Je commenceray par la description particuliere des mœurs, inclinations & qualitez du Prince qui en a la possession.

Il se nomme Roulla Ismaël, & se qualifie de grand Cherif, c'est-à-dire le premier & le plus puissant des Successeurs de Mahomet, dont il prétend descendre, comme j'ay dit; par Aly &

Fatyme, gendre & fille de ce Prophete, il se tient plus fier & plus honoré de cette parenté, que de l'antiquité de la Couronne dans sa Famille; ce qui prouve assez que ses Predecesseurs, qui se faisoient aussi appeller Miramolins, qui signifie Empereurs des Fideles, se sont servis du prétexte de Religion pour leur établissement.

*Religion des Maures.* A propos dequoy je diray avant que de passer plus avant, que cette Religion étant fondée sur l'Alcoran, que les Maures & Arabes expliquent à leur maniere, & selon l'interpretation extravagante du Docteur Melich, l'un des quatre Chefs de la Secte de Mahometh, ils fondent leur croyance sur de certains points principaux, sans lesquels ils se persuadent qu'on ne peut-être sauvé.

Ils tiennent qu'il n'y a qu'un Dieu sans Trinité de Personnes, que Jesus-Christ étoit un grand Prophete, né d'une Vierge appellée Marie, dont l'Incarnation a été telle que nous la croyons, & même annoncée par l'Archange Gabriël Ambassadeur de Dieu; qu'il étoit le plus Saint de tous les hommes, qu'il a fait plusieurs miracles, mais qu'il n'est point mort comme nous le croyons, ayant esté enlevé dans le Ciel, où il est en Corps & en Ame; lorsque Judas le voulut livrer aux Juifs; qu'un de ses Disciples à qui Dieu fist prendre sa ressemblance fut crucifié en sa place; & que c'est celui-ci que nous adorons.

Ils croyent encore que ce même Jesus-Christ doit revenir vivre quarante ans sur la terre, pour reünir toutes les Nations sous une même Loy; qu'il sera mis dans le Tombeau que Mahometh a fait faire au Côté droit du sien; que ceux qui ont suivi la doctrine de JESUS-CHRIST jusqu'à la venuë de Mahometh seront sauvez; mais que celle que nous suivons aujourd'hui, n'étant pas la même qu'il nous a enseignée, & que la persecution des Juifs l'a empêché de perfectionner, ceux qui ne suivront point la Loy de ce dernier Prophete, qui n'a été envoyé de Dieu que pour la perfectionner, & lequel ils nomment son grand favori & l'interprete de ses volontez, souffriront les peines éternelles.

Ils estiment pour Ecritures Saintes, les Livres de Moïse, les Pseaumes de David, les Saints Evangiles, selon que Sergius les leur a interpretez, & l'Alcoran.

Ils croyent le Paradis, l'Enfer, la Resurrection & la Predestination; ils font consister la récompense éternelle dans la vision beatifique de Dieu, de ses

Anges, & de Mahometh, & dans la joüiffance de foixante-dix Vierges, avec lefquelles ils prendront inceffamment leurs plaifirs, fans qu'elles perdent leur virginité ; qu'ils auront à fouhait toute forte de Mets délicieux, des Rivieres de Lait, de Miel, & d'Eau-rofe pour fe laver ; que les Excremens du Corps s'évaporeront en d'agréables fueurs, & qu'ils habiteront dans des Maifons de délices, conftruites de Perles, & de Pierres précieufes.

Ils ont un Carême, ou Ramadan, de trente jours qu'ils obfervent fi religieufement, que non feulement ils ne mangent ni boivent depuis la petite pointe du jour, jufqu'aux premieres Etoiles de la nuit, mais ils ne prennent aucun Tabac, & ne flairent aucune odeur; il faut dire auffi qu'ils s'en récompenfent bien pendant les Nuits, qu'ils paffent prefque toutes en débauches.

La veille de ce Ramadan, ils s'y préparent par des réjoüissances accompagnées de décharges de Fuſils & de Mouſquets, & par des cris redoublez de *Allah*, qui reſſemblent plûtoſt à des hurlemens qu'à des cris de joye; ils ſont tous au guet à qui verra le premier paroître la Lune, & ils tirent des coups de Mouſquet vers elle, à meſure qu'ils l'apperçoivent, aprés quoy ils s'aſſemblent pour faire leurs Prieres, ayant leur Maraboug à leur teſte, s'agenoüillans, ſe levans & ſe proſternans la face en terre par repriſes, & toûjours tournez du côté de l'Orient.

*Pâques des Maures.* Ils ont trois Pâques qu'ils ſanctifient pendant ſept jours, ſans s'abſtenir neanmoins de vendre & acheter, ainſi qu'ils font les Vendredis, qui ſont leurs Dimanches.

La premiere ſe celebre le premier jour de la Lune qui ſuit

# DE MAROC.

leur Ramadan, & si elle échoit à un Samedy, qui est le Dimanche des Juifs, ceux-ci sont obligez de donner au Roy, en espece ou en valeur, une Poule & dix Poussins d'or. Dans les premiers jours de cette Pâque, le Roy a coûtume de faire venir devant lui tous les prisonniers de la Ville où il est, & de les absoudre ou faire mourir, selon la qualité de leurs crimes, & l'humeur où il se trouve, il en fit mourir vingt de cette maniere le troisiéme jour de la Pâque, qui estoit le quatriéme de mon arrivée à Miquenez.

La seconde Pâque, qu'ils nomment la grande, & septante jours aprés celle du Ramadan, leur maniere de la celebrer consiste à sacrifier à Mahometh autant de Moutons, qu'il y a d'enfans Mâles dans chaque famille, & ce en memoire du sacrifice d'Abraham pere d'Ismaël, premier Pere des Arabes Sarrazins, d'où ils croyent que descend la Mere de leur Prophete ; le Roy en fait une ceremonie publique à une Chapelle, ou selon leur maniere de parler, à un Saint, qui est à un quart de lieuë de Miquenez, mais avec cette circonstance superstitieuse, que dés que ce Mouton est égorgé (car ils observent fort de ne point faire mourir autrement tous les Animaux qu'ils tuent croyant qu'ils ne saigneroient pas assez d'une autre maniere, ce qui rendroit leur chair impure & deffenduë) aussi-tôt, dis-je, que ce Mouton est égorgé, un Maure le porte à toute bride, enveloppé dans un linge, à l'Alcassave ou Palais du Roy ; que si en y arrivant le Mouton se trouve encore en vie, ils en tirent un bon augure & en font de grandes réjoüissances, mais s'il meurt en chemin, chacun s'en retourne fort triste,

& la feste se termine là.

La troisiéme Pâque ?) 1- jours trois Lunes & deux jours aprés la seconde, & se celebre en l'honneur de la naissance de Mahometh ; & dans le premier jour les Maures mangent de la Boüillie, en memoire de celle qu'il mangea.

Ils allument dans leurs Mosquées pendant la Nuit qui la précede, quantité de Lampes & de Cierges, & tous leurs Talbes ou Prêtres y chantent ses loüanges sans discontinuer jusqu'au jour.

Ils solemnisent la Feste de S. Jean par des feux qu'ils font dans leurs Jardins, où ils brûlent pendant la nuit quantité d'Encens autour des Arbres fruitiers, afin d'y attirer la benediction divine.

Ils admettent la Circoncision; mais ils n'en fixent ni l'âge, ni le temps.

Ils font tous le Sala, ou la Priere, qu'ils nomment aussi la Messe, quatre fois le jour & une fois la nuit à certaines heures reglées, & qui leur sont marquées par les cris, ou pour mieux l'exprimer, par les hurlemens que font du haut de leurs Gemmes ou Mosquées ceux qui sont chargés de ce soin, car l'usage des Cloches n'est ni connû ni admis dans leur Religion.

Ils se lavent trés-souvent la Teste, les Mains & les Pieds, & ils prétendent se purifier par là de tous leurs pechez. Toutes les fois qu'un homme a connû sa femme, ou commis quelque crime, il est obligé avant d'entrer dans la Mosquée, de se laver generalement toutes les parties du Corps, ou de prononcer ces paroles les plus sacrées de leur Loy: *La illa illenla Mahameth Darazoulla*; qui signifient qu'il n'y a qu'un Dieu, & que Mahometh est son Envoyé, ce qu'ils pretendent avoir la même vertu que le bain, & leur en tenir lieu.

Ils n'entrent jamais que pieds nuds dans les Mosquées, & ils observent la même chose dans les visites qu'ils se rendent les uns aux autres, laissant toûjours leurs Babouches ou Souliers à la porte de la Mosquée ou du logis où ils doivent entrer.

Ils croyent que tous les enfans qui meurent avant l'âge de quinze ans, soit Chrêtiens, Juifs ou Idolâtres, vont au Ciel, mais que s'ils passent cet âge sans reconnoître Mahometh pour le favori de Dieu, ils sont perdus éternellement, à l'exception neanmoins des filles qui meurent Vierges, lesquelles seront reservées à ce qu'ils prétendent, pour accomplir le nombre de septante, que chacun d'eux doit avoir à sa disposition dans le Ciel, ne pouvant pas s'en trouver un asfez grand nombre pour y suffire parmi celles de la Loy Mahometane.

Ils disent que l'Alcoran ordonne qu'on le fasse recevoir par force de ceux qui ne s'y soûmettront pas de leur gré.

Ils ont si fort en horreur le Nom Chrêtien, qui dans leur Langue est sinonime avec celui de Chien, qu'ils en font l'injure la plus commune & la plus méprisante parmi eux : ils ne le prononcent jamais, qu'ils n'y ajoûtent, que Dieu le détruise, ou que Dieu brûle ses Pere & Mere : c'est par où ils commencent à apprendre à parler à leurs enfans; & quand il paroît quelques Chrêtiens dans Miquenez, il est toûjours exposé à une huée generale du peuple & des Enfans, dont quelques-uns ne le suivent que pour avoir le plaisir de l'injurier ou de lui jetter des Pierres.

Ils sont aussi persuadez que ceux qui meurent en combattant les Chrêtiens vont droit en Paradis ; qu'il y a des récompenses infinies attachées au merite de les tuer ; & que les Chevaux qui meurent dans ces combats les accompagnent dans le ciel.

Ils ont de plus une maxime aussi bigearre qu'elle leur est particuliere, sur ce qui regarde la fidelité de leurs paroles : car le mensonge & la liberté de se dédire quand bon leur semble, sont si bien établis parmi eux, qu'ils s'en font bien moins un scrupule qu'une vertu. Jusqueslà même qu'un Talbe, auquel un jour j'en témoignois mon étonnement, ne feignit pas de me dire qu'ils en faisoient une des distinctions principales de leur Religion avec la nôtre, & qu'ils étoient persuadez qu'ils seroient bien-tôt, comme nous, les esclaves de la fausse croyance & de l'idolâtrie, s'ils l'étoient aussi, comme nous, de leurs paroles & de leurs engagemens.

Ils admettent la pluralité des Femmes, & peuvent en épouser jusqu'à quatre, ausquelles ils donnent dot, mais ils tiennent autant de Concubines qu'il leur plaît, & ils les repudient toutes quand bon leur semble; les premieres en payant leur dot, & les autres qui sont leurs Esclaves, en les chassant ou les vendant, & en gardant leurs Enfans.

Ils tiennent pour Saints, même dés leur vivant, tous les Innocens & pauvres d'esprit, aussi bien que ceux qui sçavent faire quelque sorcellerie, qu'ils disent avoir l'esprit de leur Prophete, ils font bâtir sur leurs Tombeaux, aprés leur mort, des Chapelles, où ils vont en pelerinage, où il se refugient, & dont ils font des aziles inviolables pour l'impunité de leurs crimes & contre la colere de leurs Rois.

Ils ont quantité d'autres superstitions aussi extraordinaires & qu'on peut même qualifier de tres-extravagantes, comme de ne vouloir pas recevoir en témoignage ceux d'entr'eux qu'ils auroient veu faire leur eau debout, leur coûtume étant de la faire accroupis comme les femmes : mais parce que le détail en deviendroit trop long & peut-être hors de sujet, je ne m'y étendray pas davantage ici.

Je diray seulement que leurs femmes n'entrent point dans les Mosquées, parce qu'ils les croyent incapables d'être admises en Paradis ; dautant, disent-ils, qu'elles n'ont esté créées que pour servir à la generation : mais elles font leurs prieres dans leurs maisons, & vont les Vendredis dans les Cimetieres prier

& pleurer sur les Tombeaux de leurs parens; elles y vont vêtuës de bleu, qui est la marque du deüil en leur païs, comme chez nous le Noir.

*Enterrement des Maures.*

A l'occasion dequoy je croi devoir observer que quand quelqu'un d'entr'eux vient à mourir, les parens & amis en font toûjours paroître beaucoup de douleur, jusques-là même que quand c'est quelque personne de qualité & de distinction, ils loüent des pleureuses qui poussent des cris & des gemissemens sans nombre, se battant la tête, & s'égratignant le visage.

Avant que de mettre le Corps en terre, on le lave & enveloppe dans un Drap neuf, & on le fait porter dans un Biere suivie d'un grand nombre de personnes qui marchent fort vite, & invoquent Dieu & Mahomet à haute voix. On l'enterre hors la Ville dans une fosse étroi-

étroite par en haut & large par en bas, afin qu'elle soit plus aisée à recouvrir, & que le corps y étant, disent-ils, plus à l'aise, soit plus prest au jour du Jugement, & ne perde pas le temps à chercher ses Os, raisons dont ils se servent encore pour ne pas enterrer deux personnes dans un même Tombeau. On porte aussi des viandes sur ces fosses & l'on enterre de l'argent & des joyaux avec les morts, afin qu'ils puissent s'en servir pour avoir en l'autre monde les mêmes commoditez qu'en celui-ci.

L'entrée des Mosquées est encore deffenduë si expressement aux Juifs & aux Chrêtiens, qu'il n'y auroit point de milieu entre l'alternative de renier ou d'être brûlés pour ceux qu'on y trouveroit; il en seroit de même si on les voyoit converser ou avoir quelque entretien particulier avec des Mahometanes.

D

Il y a aussi cette circonstance pour les Juifs à l'egard des Mosquées, qu'en quelque temps & saison que ce soit, il ne leur est pas permis de passer devant sans ôter leurs souliers, & ils sont même obligez d'aller Pieds nuds dans les Villes Royales, comme Fez, Maroc, Miquenez, &c. à peine de la bastonnade, ou de la prison, d'où ils ne sortent qu'en payant une grosse amende.

J'observeray encore avant que de finir ce Chapitre de la Religion des Maures; que l'Alcoran leur deffend de joüer à aucun jeu de hazard pour de l'argent, & que le Bâton, l'Amende, ou la Prison est la peine ordinaire des contrevenans; ainsi ils ne joüent qu'aux Eschets, aux Dames, & à une espece de Trictrac, tout-à-fait different des nôtres, mais ils ne font pas de tout cela un grand usage, & je ne me suis point apperçu parmi ceux que j'ay pratiqué, qu'ils soient fort adonnez au jeu; ils ne le sont guere plus à la lecture, & l'on peut dire tort justement, que le dormir, le manger, le boire, les femmes, les Chevaux, & la priere font le partage, & presque tout l'employ de leur temps, dont ils abandonnent ce qui en reste à une grande & inutile oisiveté ; aussi les voit-on souvent dans les Ruës assis sur leurs Talons le long des Murs, & tenans de grands Chapelets dont les grains deffilent dans leurs Doigts avec une vîtesse égale à la briéveté de la priere qu'ils font dessus, & qui ne consiste qu'en la prononciation des differens Attributs qu'ils donnent à Dieu: comme de dire sur chaque grain separément Dieu est grand, Dieu est bon, Dieu est infini, Dieu est misericordieux, &c.

Je ne dois pas non plus obmettre la remarque de leur veneration particuliere pour ceux qui ont fait le voyage de la Meque, ils les nomment Hadgys ou Saints, & ils en outrent le culte à un tel point, qu'ils tiennent même pour Saints comme eux, les Chevaux qui y ont esté. Ils les font ensevelir & enterrer quand ils meurent comme ils feroient leurs principaux parens ou amis, & ils se font un plaisir & un exercice singulier de les visiter souvent, & de les voir manger.

Le Roy de Maroc en avoit un de cette nature. La premiere fois que je fus admis en sa présence, il le faisoit marcher immediatement devant lui; & outre la distinction que la richesse de sa selle & de son Harnois en faisoit paroître, sa Queuë étoit portée par un Esclave Chrétien qui tenoit en ses Mains un Pot & un linge pour recevoir ses Excremens & pour l'essuyer.

On me dit que le Roy alloit de fois à autre baiser la Queuë & les Pieds de cet Animal.

Tous ces Chevaux ainsi sanctifiez sont ordinairement dispensez de tout service, & si leurs Maîtres n'ont pas le moyen de les nourrir, ils leur font assigner des Pensions pour leur subsistance sur les Mosquées du lieu où ils sont. On les remarque par les Chapelets ou Reliques dont leur col est toûjours entouré, & qui ne sont autre chose que des Écrits enveloppez d'Étoffe d'Or ou de Soye, contenans les noms de leur Prophete, ou de quelques prétendus Saints de leur Loy. Ils servent aussi d'azile aux Criminels, comme les Tombeaux & les Chapelles des Saints dont j'ay déja parlé.

Ces Lieux qui sont dispersez en differens endroits sont destinez selon ce qu'ils contiennent pour la demeure d'un, ou de plusieurs Marabous ou Talbes, qui sont les Prêtres des Maures, lesquels peuvent se marier, & sont parmi eux, & sur tout parmi les Arabes en grande veneration, ils y sont entretenus selon les facultez ou la devotion de ceux qui les fondent, & ils y vivent oisivement & grassement au dépens de ces miserables, qui tiennent à bonheur de pouvoir leur donner pendant leur vie, ou leur laisser aprés leur mort ; Il me semble qu'on peut assez justement comparer ces lieux-là & leurs fondations à nos Abbayes, Prieurez & Chapelles.

*Portrait du Roy de Maroc.*

Mais pour reprendre l'idée du Portrait que j'ay commencé du Roy de Maroc, & pour le continuer, je diray qu'il est âgé de 49. à 50. ans, bazanné, maigre & d'un poil noir, qui commence à grisonner, que sa taille est mediocre, son Visage ovale, ses Joües enfoncées, aussi-bien que ses yeux qui sont noirs & pleins de feu, que le Nez en est petit & aquilin, le Menton pointu, les Lévres grosses, & la Bouche assez bien proportionnée; qu'il est avare & cruel jusqu'à l'excés, qu'il n'y a presque rien dont l'interest & l'avidité d'argent ne le rendent capable, & qu'il aime si fort à répandre le sang par lui-même, que l'opinion commune est, que depuis vingt ans qu'il regne, il faut qu'il ait fait mourir de sa propre main plus de vingt mille personnes.

Ce que je pourrois d'autant mieux presumer ou confirmer, qu'outre que j'en ay compté jusqu'à quarante-sept qu'il a tuez pendant vingt-un jours que j'ay passé dans sa Cour, il n'eut pas même honte de paroître devant moy dans la derniere Audiance qu'il me donna tout à Cheval à la Porte de ses Ecuries, & ayant encore ses Habits & son bras droit tous teints du sang de deux de ses principaux Noirs, dont il venoit de faire l'execution à coups de Coûteau.

Toutes les Nations sont surprises de la soûmission & patience de ces Peuples à souffrir une cruauté si excessive; mais il faut qu'on sçache qu'outre leur impuissance generale & particuliere à s'y opposer, ils sont si fortement prévenus que la mort qui leur est ainsi donnée par les mains d'un Roy Cherif & décendant de leur Prophete, les meine droit en Paradis; que la plus grande partie d'entr'eux, tient à bonheur, ce que le nombre plus petit & mieux sensé deteste & ne peut empêcher; aussi ceux de ce nombre s'abstiennent-ils de s'en approcher le plus qu'ils peuvent, & s'estiment autant heureux de ne le point voir, que les autres se le croyent d'en être tuez.

On dit cependant que ce Prince est assez traitable hors de ses emportemens, & dans ses entretiens familiers ; mais il est sujet à des caprices violents, & d'autant plus dangereux, qu'ils sont toûjours voilez du manteau de la Religion, dont il affecte de paroître exact Observateur, & il est si persuadé qu'on le croit tel, qu'il se permet toutes choses sur ce fondement, & sur cette prévention.

Il ne s'attache qu'à se faire craindre de ses Sujets, & se soucie tres-peu de s'en faire aimer; aussi ne l'approchent-ils tous qu'en tremblant, & par devoir, mais jamais par inclination, & d'autant plus qu'on ne se presente point devant lui sans ordre, ou permission, ni sans presens.

Il a beaucoup d'esprit & de valeur, il est actif, infatigable,

& fort adroit à tous les Jeux & Courses de Lances & de Cheval, en quoy je remarqueray en passant que tous les Maures sont d'une adresse merveilleuse, & qui semble n'avoir point degeneré de celle qu'on nous vante si fort, des anciens Grenadins dans leurs Tournois.

Il ne boit point de Vin, parce que sa Religion le luy défend, mais quand il prend de l'Opium, ou d'un certain Hypocras qu'il compose lui-même avec de l'Eau de vie, Clouds de Girofle, Anis, Canelle, & Muscade, ce qui lui arrive assez souvent, malheur à qui se trouve exposé à quelqu'une de ses fumées.

On ne craint pas moins sa rencontre quand il porte un Habit jaune, c'est une remarque faite & éprouvée depuis long-temps, que cette couleur est en lui un presage dangereux ; &

presque toûjours funeste à quelques-uns de ceux qui l'approchent quand il en est revêtu, il avoit une Veste de cette couleur quand il me donna l'Audiance de Congé en la maniere ensanglantée que j'ai remarqué.

Il est fort adonné aux Femmes, & en tient prés de quatre cens dans son Alcassave pour son usage; car outre cela il y en a encore environ cinq cens autres pour les servir: Il en a cent dix-huit Enfans Mâles & vivans, sans les Filles qu'on ne compte point, & dont le nombre se monte bien à deux cens. Il ne prend de ses Concubines qu'il change souvent que les Garçons, & leur laisse les Filles sans leur donner même dequoi les nourrir.

De toutes ces Femmes, il n'en a épousé que quatre, sa Loy n'en permettant pas davantage, les autres sont ses Concubines, & ses Esclaves, il est entierement gouverné par une de ses Femmes qui est Noire, & n'a aucun trait de beauté; elle est Mere de celui de ses Enfans qu'il semble se destiner pour successeur, & qu'il fait appeller *Mouley Zidan*, il affecte de paroître modeste & humble, & il rend toûjours Dieu l'Auteur du bien ou du mal qu'il fait, cependant il est tres-vain, & donne autant qu'il peut dans l'ostentation.

Il est absolu dans ses Etats, & il se compare souvent à l'Empereur de France, qu'il dit être le seul qui sçache regner comme lui, & faire une Loy de sa volonté; il cite souvent une Lettre qu'il prétend que son Prophete a écrite à Heraclius, & il ajoûte que toutes les prosperitez des Rois de France ne proviennent que du soin religieux qu'ils ont toûjours eu de la conferver; il traite tous les autres Princes Chrêtiens de dépendans, & il n'en parle jamais qu'avec mépris.

Ce fut dans ce sens que voulant élever les grands Eloges qu'il fit du Roy dans la premiere Audiance qu'il me donna à la Porte de son Alcassave ou Palais, étant vêtu tres-mediocrement, ayant le visage caché d'un mouchoir à Tabac assez sale, les Bras & les Jambes nuës, assis sans Natte ni Tapis sur le Seüil de deux Poteaux de bois, qui servoient d'étaye à ce Portique, & ayant autour de lui quelques Alcaydes assis à terre, & les pieds nuds; ce fut, dis-je, apparemment dans ce sens, que voulant m'expliquer la juste distinction qu'il fait du Roy avec les autres Princes de l'Europe; il me dit que l'Empereur d'Allemagne n'étoit que le Compagnon de ses Electeurs: que le

Roy d'Espagne étoit moins le Maître de ses Etats que ses Ministres: que le Roy d'Angleterre étoit dépendant & comme l'Esclave de son Parlement, & qu'il ne regardoit l'autorité de tous les autres que comme plus apparente que veritable.

Cependant malgré cette possession dont il se flatte d'une domination absoluë & personnelle, il n'y a gueres de Prince dont l'esprit soit plus facile à prévenir & à séduire que le sien ; aussi ceux de ses Alcaydes qui l'approchent le plus, sçavent-ils si bien en profiter, qu'ils le tournent & conduisent comme il leur plaît, & où ils veulent, sur tout quand le pretexte de Religion, d'interest, ou de vanité leur en peut servir de guide.

Cette vanité n'est jamais mieux remplie que lorsque quelque Prince Chrétien lui envoye des Ambassadeurs, il est pour lors au comble de sa joye, & il baise toûjours la Terre à leur premiere vûë, & même en leur presence, pour marque des graces qu'il en rend à Dieu.

Il en usa ainsi à mon égard dés qu'il m'eut apperçû sur un Pan de muraille assez haute, & non encore achevée, où l'on m'avoit posté sans Sieges, sans Couvert & sans Tapis, pour y être Spectateur par son ordre d'une Revûë de dix mille Chevaux & de deux mille Hommes de pied qu'il faisoit exprés pour moy prés les dehors de la Ville, & qu'aprés quelques mouvemens sans ordre & toûjours accompagnez de grands cris, il fit défiler le long de ce mur, en me faisant chacun la décharge de son Arme au visage, pour me rendre, à ce qu'ils disoient, plus d'honneur, il est vrai que c'est là leur maniere de s'honorer entr'eux, & qu'ils en usent ainsi à l'égard de leurs Princes & de leurs Chefs.

Le Roy de Maroc ne distingue les Ambassadeurs que suivant leurs qualitez & le rang qu'ils tiennent auprés de leurs Maîtres, mais sur tout quand ils lui portent de riches presens.

Ses Predecesseurs & lui ont si bien établi l'usage, ou pour mieux dire l'obligation de ces presens, qu'ils en ont fait comme une Loy pour tous ceux, tant leurs Sujets qu'Etrangers qui vont en leur Cour, & ausquels, comme je l'ai déja observé, il n'est pas permis d'y paroître sans y apporter, c'est même un article essentiel de leur Ceremonial à l'égard des Ambassadeurs, de commencer toûjours la reception qu'on leur fait par ces questions, adoucies neanmoins de quelque préliminaire d'excuse & d'honnêteté, qui étes vous? d'où venez-vous? que demandez-vous ? qu'apportez-vous? & c'est sur ce qu'ils répondent à la derniere de ces questions, que se regle la maniere de leur accüeil & de leurs traitemens.

C'est aussi dans la vûë & le desir de ces presens que ce Prince fait tout son possible pour s'attirer des Ambassadeurs, ou pour engager à en recevoir de sa part, & quand il les demande, ou les promet d'une élevation distinguée, il faut croire que c'est bien moins par le motif de l'honneur qu'il veut ou faire, ou recevoir, que par celui des presens, qu'il compte devoir être proportionnez à leur qualité.

Cependant il s'imagine que sa grandeur ne paroît & ne se soûtient jamais mieux que par leur abaissement, c'est sur cette maxime qu'il n'y a point de chicacanes & de subtilitez dont ses Ministres ne se servent pour y réüssir ; & qu'ils ont aussi tenté avec toute sorte d'adresse & d'opiniatreté de me soûmettre à la regle qu'ils croyent en avoir établie par les violences qu'ils ont faites aux derniers que l'Angleterre & l'Espagne y ont envoyé. Mais pour ne pas exposer le Roy dans l'engagement de s'en ressentir, comme a fait si justement le Roy d'Angleterre, qui n'admit l'Ambassadeur de Maroc à son Audiance que nuds Pieds & sans Turban, pour represailles de ce que ce Prince avoit forcé le sien à se déchausser pour y être reçû ; je n'ay rien obmis dans cette occasion pour leur faire connoître la difference & la superiorité de Sa Majesté sur tous les autres, & je me suis opposé à cette entreprise avec tant de raisons, de fermeté & de patience que j'ay eu la satisfaction de voir par le succés que Sa Majesté même a honoré de son approbation, que je leur avois inspiré la juste idée qu'ils doivent concevoir, de tout ce qui a rapport au merite, à la puissance & à la gloire de S. M.

On dit que ce Prince a fait un serment solemnel de ne donner jamais la liberté aux Esclaves Chrêtiens, qu'on ne lui rende en échange au moins autant de ses Sujets, & les derniers Traitez que les Espagnols en ont fait avec lui de dix, & plus nouvellement de quatre Maures contre un Espagnol, l'ont si fort enflé de gloire & de presomption sur ce point-là ; qu'ils l'y ont rendu presque intraitable à toutes les autres Nations.

Il fait son sejour ordinaire à Miquenez, parce que c'est le lieu de sa naissance, c'est une petite Ville située dans les Terres à quarante lieües de Salé, à soixante de Tetoüan, & à douze de Fez; elle est fort peuplée &

contient plus de soixante mille Habitans ; mais elle est si mal bâtie & si desagreable par elle-même, qu'elle ne passeroit que pour un miserable Bourg sans ce grand nombre de Peuple, & sans la presence de son Prince, & l'ornement de son Alcassave, dont l'étendüe n'est gueres moins grande que la sienne propre, & dont la structure est au dessus de ce que tous les autres Edifices que j'avois vû en ce Païs, pouvoient en faire imaginer.

*Alcassave ou Palais du Roy de Maroc.*

Comme ce Palais est plus élevé que la Ville, entouré de plusieurs Murailles, fort hautes, fort épaisses, & fort blanches, & composé d'un grand nombre de Pavillons, outre les Minarets assez hauts de ses deux Mosquées ; c'est ce qui s'offre d'abord à la vûë en y arrivant, & ce qui en donne une grande idée, mais elle ne se soûtient pas à ses approches, car le tout en est construit avec si peu d'art & de regularité, qu'il seroit tres-difficile aux plus habiles Architectes d'en démêler l'œconomie & le dessein, & je suis même persuadé sur ce que j'en ay vû par les Dehors; car il ne m'a pas été permis d'entrer dedans, que le Roy lui-même qui en est l'Auteur & le Conducteur ne le sçauroit dire, & qu'il n'a d'autre vûë dans ce qu'il y détruit & rebâtit continuellement, que d'abaisser sous le joug de la servitude & du travail le grand nombre de ses Sujets qu'il y employe; il en fait aussi l'occupation & le supplice ordinaire des Esclaves Chrêtiens qu'il y fait travailler en tous temps & sans relâche; on les y rend Manœuvres & Massons à force de coups de bâton & de misere, à laquelle ils succombent d'autant plus facilement, que leur nourriture journaliere ne con-

*Des Esclaves Chrêtiens.*

siste qu'en une tres-petite quantité de Pain d'Orge & fort noir, avec de l'eau, & qu'ils ne gitent que dans des Matamorres, ou lieux soûterains, dans lesquels ils n'ont pour Lit que la Terre, & où ils ne respirent qu'un air fort mauvais, & mêlé de beaucoup de puanteur.

{*Mata-morres.*}

Il se trouve pourtant parmi ce genre d'Esclavage si rigoureux, & presque insupportable, une espece d'humanité qu'on ne sembleroit pas devoir attendre de la cruauté de ce Prince, qui est que les Femmes & les Gens mariez ne travaillent point, les premieres à cause de leur foiblesse, & les autres étant, à ce qu'il dit, assez chargez du poids d'une Femme, & de l'employ qu'ils en doivent faire, pour qu'on ne les accable pas sous celui d'un autre travail ; mais cette espece de compassion est bien défigurée par son avarice, qui le porte à ne leur rien donner pour se nourrir.

Ceux qui se font Renegats sont aussi exempts de travail, mais ils n'en sont pas moins Esclaves, le Roy en fait les Gardes de ses Portes, ou les envoye dans les Provinces à ses Alcaydes qui leur donnent des Emplois proportionnez à leur force ou à leur capacité. Il les mene avec lui à la Guerre, & les fait toûjours marcher à la tête de ses Troupes, & s'ils témoignent la moindre envie de reculer, il les met en pieces.

Il n'y a de Bâtiment regulier dans l'Alcassave qui renferme environ quarante-cinq Pavillons avec chacun sa Fontaine dans sa Cour, & qui a pour principale Entrée une trés-belle Porte avec des Colomnes qui la font appeller la Porte de Marbre, que deux Mosquées & un Michoüart ou grande Cour, ornées

*Renegats.*

au dedans de Colomnes & bas reliefs de Marbre sans Figures humaines ni d'Animaux, mais de Chiffres & Lettres Arabesques, où sont décrites les principales Actions militaires de ce Roy.

*Rouës ou Ecuries du Roy de Maroc.*

Les Ecuries qu'ils appellent Rouës, y sont encore fort belles, elles forment deux longue Galleries à droit & à gauche, toutes voûtées & à grandes Arcades, ayant par espace dans le milieu d'une espece de Chemin pavé qui les sepere de petits Pavillons fort propres, dans chacun desquels il y a une Fontaine & un Abreuvoir pour les Chevaux, qui sont en ce Païs-là, comme tout le monde sçait, d'une extrême beauté, mais à l'égard desquels, les Maures ont aussi-bien que pour les Bleds cette maxime erronée dont ils font un point de Religion, de n'en laisser sortir aucun, sous quelque pretexte que ce soit, pour les

Chrétiens; ils ont encore ce même entêtement pour les Livres, qui y sont d'autant plus curieux & rares, qu'il n'y a presque plus d'Imprimeries dans leurs païs.

Les Jardins du Roy sont plantez dans le milieu d'un grand Bois d'Oliviers, & sont assez beaux : on y voit en tous temps des Fleurs, des Legumes, des Fruits, & des Arbres de toutes especes, mais comme ils sont un peu éloignez de l'Alcassave, cette distance qui en ôte la commodité, en diminuë aussi beaucoup l'agrément : les allées en sont fort étroites : on n'y voit ni Eauës jallissantes, ni Bassins; mais il y passe quelques ruisseaux qui servent à les arroser. C'est un esclave Espagnol nommé Antonio Lopes, qui en a le soin, cet homme paroît avoir quelque naissance, & le Roi le traite assez bien, mais le service utile & agreable qu'il en re-

*Jardins de Miquenez.*

tire, est cause qu'il ne lui permet ni promet de le laisser jamais retourner en son Païs.

Il y a quelques Palais assez beaux aux environs de celuy du Roy, que des Alcaydes y font bâtir pour lui plaire, mais sur la jouïssance desquels ils n'oseroient s'assûrer, persuadez qu'ils sont par l'épreuve que quelques uns d'entr'eux en ont déja faite, qu'ils ne leur demeureront qu'autant de temps qu'il ne prendra point envie à ce Prince de les leur ôter.

*Hôpital de Miquenez.*

Il y a dans Miquenez un Hôpital que le Roy d'Espagne y a établi depuis peu, pour la consolation & le soulagement des Esclaves, & qui leur est aussi d'un grand secours; il peut contenir jusqu'à cent malades, & a été bâti aux dépens de Sa Majesté Catholique, qui y entretient quatre Religieux Recollets, & un Medecin, pour la

DE MAROC.

subsistance desquels il a assigné un revenu annuel de deux mille écus; il n'est souffert en ce lieu, & les Religieux qui en dépendent aussi, ne le sont encore à Fez, à Salé, & à Tetoüan, que moyennant quelque tribut.

Il y a dans cette Ville comme dans toutes les autres d'Affrique, plusieurs Ecoles, où l'on montre aux Enfans à lire, à écrire, & à chiffrer, & rien de plus. Quand on les châtie, on se sert d'une Verge de bois fort plate, avec laquelle on leur donne des coups sous la plante des pieds. Toute leur Etude ne consiste qu'à lire l'Alcoran d'un bout à l'autre; & quand un Ecolier a parcouru son Livre, on le pare, & ses Compagnons le menent à Cheval & comme en triomphe par la Ville, & publient ses loüanges.

*Des Ecoles.*

Les Juifs y ont aussi un Quartier assez grand, mais qui n'est

*Juifs de l'Afrique.*

pas plus propre que dans les autres Villes. C'est dans celui-là que le Chef de tous ceux du Royaume qui y sont bien au nombre de seize mille, fait sa principale demeure, c'est lui qui a soin d'imposer & d'exiger toutes les Garammes ordinaires & extraordinaires qu'on leur fait payer: celui qui l'est à present se nomme Maymoran, il est borgne & ne paroît pas fort spirituel, mais le Roi le considere à cause des frequents dons qu'il lui fait, & de l'utilité qu'il en retire en toutes occasions; c'est aussi par lui & par ses soins que ce Prince entretient un commerce pecunieux & politique avec toutes les Nations, tant ennemies qu'amies; lui & sa Famille sont tres-bien logez, mais tout le reste l'est fort mal.

Les Juifs, quoiqu'en si grand nombre dans cet Empire, & d'un secours si avantageux, n'y

sont pas neanmoins plus considerez qu'ailleurs, on les y choisit toûjours pour les plus vils emplois; ils n'ont que la nourriture pour tout salaire des travaux
qu'on leur impose souvent, & ils
sont si sujets aux taxes, aux injures & aux bastonnades, qu'on
peut les regarder comme le but
& le joüet perpetuel de l'avarice & injustice des Grands, & de
l'aversion de tous.

Il ne leur est pas permis de se
défendre contre le moindre en-
fant qui les maltraite de paroles, ou de coups de pierres, &
ils sont distinguez des Maures,
dont les Bonnets sont toûjours
rouges, par les Bernous & Bonnets noirs qu'ils sont obligez de
porter.

Ils ont par tout des Quartiers
separez, & dont l'entrée est gar-
dée par des gens établis par le
Roi, afin qu'ils puissent y va-
quer tranquillement à leur com-

merce & à leur Religion, mais ils n'osent aller seuls en Campagne & sans y être escortez de quelques Maures, parce que les Arabes & les Barbares les y égorgeroient sans remission.

Cependant avec ces apparences exterieures de misere & de mépris, ils ne laissent pas d'être à leur aise au dedans, & d'y avoir plus leurs commoditez que les Maures mêmes; la raison en est qu'ils travaillent & trafiquent ce que les Maures ne font pas; aussi les Femmes des Juifs sont-elles pour la plûpart assez bien vétuës, & comme elles ne se cachent point le visage à la maniere des Mauresques, elles prennent plus de soins qu'elles de leurs coëffures & ajustemens.

Pour moy qui n'ay vû que des Juifves, j'avoüeray que j'ay trouvé dans quelques-unes tant de bonne mine & de beauté, que je ne doute pas qu'on ne soit bien fondé à se former une idée semblable de celles ( je veux dire des Affriquaines ) que la jalousie des Hommes & l'usage du Païs obligent bien plus à se cacher, que leur propre inclination; car il est constant que la contrainte dans laquelle les Maures tiennent leurs Femmes, sert plûtôt à réveiller en elles le desir qui leur est assez naturel au libertinage, qu'à l'étouffer ; & qu'étant plus spirituelles & plus vives que les Européennes, elles ne leur cedent en rien sur l'adresse & l'industrie necessaires pour leur satisfaction.

Elles aiment particulierement les Chrétiens, à cause qu'ils ne sont pas circoncis , & il n'y a point de stratagême dont quelques-unes ne se servent pour gagner les Esclaves qui sont chez elles, & qui ont la liberté d'entrer dans leur Logis.

Mariages des Maures.

Mais il s'obferve dans leurs mariages une certaine ceremonie, qui ne contribuë pas peu à les retenir jufqu'à ce temps-là, à moins qu'elles n'y prennent bien leurs précautions ; c'eft que quand les parens de part & d'autre font convenus, on fait porter l'Epoufe publiquement, & toute voilée au fon des Tambours & des Haut-bois au Logis de l'Epoux, auquel il n'eft pas permis de lui découvrir le Vifage, ni de la voir en aucune partie du corps qu'il ne l'ait reconnuë pucelle ; ce qui étant fait, il lui ôte fon Bandeau, & défait fon calçon teint du combat, qu'il jette dans la Cour, & que les femmes qui l'ont conduite ramaffent, en chantant & danfant en figne de joye de ce qu'elle eft acceptée pour Epoufe ; que s'il ne la trouve pas Vierge, il lui fait dépoüiller fes Habits nuptiaux, la fait fortir de sa chambre sans la voir, & la renvoye chez son pere, auquel il est permis par la Loy de l'étrangler, s'il veut en faire justice.

Quand les Maures se marient ils font venir un Cadis & un Notaire, le dernier écrit dans une cedule la dot que le mari donne à sa femme, car les peres ne donnen rien à leurs filles, & lorsque le mari repudie la femme, il est obligé de lui donner la dot promise, & ne peut se remarier de quatre mois aprés; mais quand c'est la femme qui se retire, elle n'a pas droit de lui rien demander.

Comme les femmes les plus grasses & les plus grosses sont les plus estimées, elles ne mettent jamais d'Habits qui les serrent, afin de devenir telles, ce qui leur rend aussi les mammelles abbatuës & pendantes jusqu'à l'excés; elles portent toutes des

Echarpes dont elles se ceignent le Ventre, elles se tiennent le Corps fort propre, quoiqu'elles ayent toûjours les Jambes nuës; elles mettent beaucoup de Vermillon aux Jouës & aux Lévres, elles se noircissent les Sourcils avec de la fumée de Noix de galle, elles se jaunissent le dessous des pieds & le dedans des mains, elles se rougissent les Ongles, elles se parent la Gorge, les Oreilles, les Bras, & les Jambes de Colliers, de Brasselets, de pendants, & de quantité de Babioles, & ne se croyent pas belles, quand il leur manque quelqu'un de ces ornemens empruntez.

Lorsqu'elles sortent par la Ville, elles se couvrent d'un grand Voile blanc fort délié, & se bandent le milieu du Visage, afin de n'être point vûës, n'ayant que les Yeux découverts pour voir à se conduire, elles ne par-

Femme Maure allant par la Ville.

D. Penningen Sch:

lent jamais aux Hommes dans leur Chemin, pas même à leurs Maris, qui ne sçauroient les reconnoître d'autant qu'elles sont couvertes toutes de la même maniere; elles ôtent tout cela quand elles entrent dans la Chambre de leurs Amies, & ont grand soin de laisser leurs Souliers à la porte, afin que le Maître de la maison n'y entre pas, ce que le mari de celle qui rend visite prendroit en fort mauvaise part.

Quoy qu'elles n'ayent qu'un mari à plusieurs, & que la plûpart vivent ensemble, elles ne sont point jalouses les unes des autres.

Aucun Homme ne les voit jamais dans leurs maisons, & quand le mari veut regaler quelques Amis, ce qui est assez rare entr'eux, les Femmes montent sur le Toit fait en Terrasse, ou dans quelque Chambre haute,

& y demeurent jusqu'à ce qu'ils soient sortis, ce qui fait aussi que les repas sont courts, ne s'arrétans point à discourir ou à se divertir entr'eux, comme on fait en Europe.

*Repas des Affriquains.* Je dirai à propos de ces repas, que la maniere de manger parmi les Maures, est de s'asseoir en rond Maître & Valets à terre & sans Souliers, autour d'une peau de cuir toûjours fort grasse, qui leur sert de table & de nappe, sur laquelle le mets le plus ordinaire qu'on leur sert dans une espece de terrine large par le haut, & fort étroite en bas, est du Couscoussous, qui est une pâte faite de fine fleur de farine, & semblable à de l'anis un peu couvert, laquelle on a fait cuire avec quelques poules & des pigeonneaux, ou du mouton ; ils mangent ce Couscoussous à poignées, & en font une maniere de petites pelotes, qu'ils lancent dans leur bouche, & rejettent dans la Terrine ce qui en reste sur leur barbe ou dans leur main, & quand ils prennent la Viande, & qu'ils veulent la rompre, comme ils ne mettent jamais que la Main droite au Plat, chacun tire son morceau, comme font les Chiens acharnez à une Carcasse, sans dire une seule parole pendant tout le Repas.

Ceux qui font un peu meilleure chere, sont servis aprés ce Mets ( qu'une Salade accompagne presque toûjours ) de quelque Bassin de cuivre, ou Ecuelle de Terre (car ni eux ni le Roy méme ne se servent point de Vaisselle d'argent, ils prétendent que leur Loy le défend, remplies de Viandes fricassées avec du Miel & des Amandes, ou roties sur la flâme, ou frites dans de l'huile, & de quelques Confitures à leur mode, sans aucun Deffert, & aprés que leur Repas est achevé, ils s'effuyent les Doigts fur le bord du Plat, ou avec la langue: Ils ne boivent que de l'Eau, & tous dans un même Vafe, parce que l'Alcoran leur défend le Vin, mais non pas l'Eau de Vie, dont ils s'enyvrent tres-fouvent: Ils font auffi grands amateurs de toutes nos Liqueurs de Provence, comme Eau de Cette, de Canelle, Ratafia, Roffolis, &c. mais l'ufage du Sorbec & du Café n'eft point établi parmi eux, comme dans le Levant.

L'Ecurie eft le lieu qu'ils choififfent plus fouvent & plus volontiers pour manger, & ils n'ont d'autre plaifir aprés leur Repas que de vifiter leurs Femmes ou leurs Chevaux.

Je crois qu'aprés avoir parlé de la maniere de manger des Maures, je puis bien auffi dire un mot de celle de leurs habillemens.

Les Hommes portent une Chemise assez courte, & dont les Manches sont larges & quelquefois pendantes, mais le plus souvent retroussées sur les Epaules, & sur tout dans l'Eté qu'ils ont les Bras nuds: sous cette Chemise est un Caleçon de toile qui ne décend que jusqu'aux Genoüils, & leur laisse les Jambes nuës jusqu'aux Pieds, qu'ils chaussent dans une maniere de Souliers ou Pantoufles qu'ils appellent Babouches, & qui n'ont ni Oreilles ni Talons; les Marabous ou Talbes ont au haut de leur Babouches de certaines pieces découpées par le bord en maniere de Fleur de Lys, & ce n'est qu'à cette marque qu'on les connoît & distingue d'avec les autres.

Ils portent tous par dessus leur Chemise un Cafetan ou Veste de Drap sans Manches, & de telle couleur qu'il leu plaît, cette Veste est ceinte d'une Echarpe de Soye, dans le devant de laquelle ils mettent une Guaine avec un ou deux Coûteaux, dont ils affectent que le manche & le bout de la Guaine soit toûjours de quelque métal riche ou de quelque Ouvrage singulier; ils portent par dessus ce Cafetan, qui n'est boutonné que jusqu'à la ceinture, un Hayque, qui est une piece d'Etoffe de Laine blanche tres fine, contenant environ cinq aunes de long sur une aune & demie de large, dont ils se couvrent la Tête & tout le Corps à plusieurs tours & retours, par dessous & par dessus les Bras de la même maniere qu'on le voit aux Drapperies des Figures antiques des Apôtres & des Israëlites.

Ils mettent par dessus tout cela & principalement en Hyver un Bernous ou espece de Man-

95

teau de Laine ou de Drap bordé d'une Frange, & d'où pend par derriere un Capuchon avec une Houpe au bout.

Ils portent un Chapeau de paille quand ils vont en Campagne ; mais par tout ailleurs ils ne mettent fur leur Tête qu'ils ont toûjours rafe, qu'un fimple Bonnet de Laine rouge, qu'ils entourent quelquefois de Mouffeline pour en faire un Turban, pourvû que ce ne foit pas en prefence de leur Roy, devant lequel aucun d'eux, de telle qualité qu'il foit, n'ofe paroître qu'en Bonnet, il n'eft permis qu'aux Cherifs ou Décendans de Mahometh de le porter verd, & ceux des Juifs ne fçauroient être que noirs : les jeunes gens n'en portent point du tout, & vont Tête nuë jufqu'à l'âge de vingt ans, à moins qu'ils ne foient mariez, ou qu'eux ou leur Pere n'ayent été à la Meque, auquel cas il leur est permis de porter un Bonnet dés l'âge de quatorze ans.

Cette maniere d'habillement est commune à tous les Maures, qui ne se distinguent entre-eux que par la richesse de leurs Cafetans, & par la finesse de leurs Hayques; il n'y a que les Alcaydes qui se font remarquer par des Ceinturons de cuir brodez d'or, où pend un Sabre, & qu'ils portent en Baudrier, & par dessus des especes de Bernous de Drap écarlate ou noir, lesquels n'ont point de Capuchon, le Roy même ne s'habille pas autrement, mais il porte toûjours sous sa Chemise une Cotte de Mailles, pour se garentir des entreprises secrettes qu'il sçait bien que sa cruauté ne sçauroit manquer d'inspirer.

Les Noirs du Roy qui sont destinez pour sa garde, sont aussi vêtus de la même maniere, &

Noir de la Garde du Roy de Maroc.

tres-proprement, on les voit rarement avec des Bernous, mais presque tous avec des Bas de Soye, dont ils sont fort curieux, ils portent des Sabres, & quand ils sont à Cheval, ils ont toûjours des Lances ou des Fusils.

L'habillement des Femmes est assez semblable à celui des Hommes, il n'en differe que par les Manches de leurs Chemises qui leur couvrent les Bras & qui sont serrées jusqu'au Poignet, & par la longueur des Caleçons qui leurs décendent jusqu'au gras des Jambes; le Col de leurs Chemises est plissé, & presque toûjours orné de quelque Broderie, leur Veste est ouverte par devant jusqu'à la Ceinture, elles attachent aux Manches de ces Vestes de grands morceaux de Mousseline, qui font le même effet que nos Engageantes, mais qui pendent beaucoup plus bas : elles portent dans leurs Maisons un Juppon fort court, & quand elles sortent par la Ville, elles s'entourent d'un Hayque qui les couvre entierement depuis le Col jusqu'aux Pieds, elles se cachent aussi le Visage, en sorte qu'on ne leur voit que les Yeux: quant à leur Coëffure elle n'est gueres differente de celle des Espagnoles; elles font deux Presses de Cheveux qu'elles jettent en arriere avec quelques Plaques de Tubans, & ne se couvrent la Tête que d'un simple Voile ou d'un Bandeau ; elles ne portent ni Souliers ni Babouches; mais seulement des Chaussons de Maroquin rouge ou jaune sans Semelle & sans Talon.

Je ne puis finir cet article sans y remarquer une circonstance assez plaisante touchant la précaution des Maures pour se parer de la Pluye, quand ils s'en trouvent surpris en Campagne, &

98

qu'ils n'ont point de Bernous, c'est que pour lors ils se deshabillent tous nuds, & font un Paquet de leur Hayque, Veste & Chemise, sur lequel ils s'asseyent, & essuyent ainsi la Pluye jusqu'à ce qu'elle soit passée, aprés quoy ils remettent leurs Habits qui se trouvent secs, & continuent leur chemin.

J'ay dit en faisant l'énumeration des Enfans du Roy, dont le nombre & l'éducation font présumer qu'il est difficile que plusieurs ne restent sans biens & sans employ, que ce Prince sembloit en avoir choisi un pour lui succeder, dont il aime beaucoup la Mere, il se nomme *Mouley Zidan*, & peut avoir vingt-un à vingt-deux-ans, il est moulatre & d'assez belle taille; il paroît moins attaché à l'argent que son pere, mais il n'a pas moins de panchant que lui aux executions sanglantes; il est fort addonné à la débauche, & sur tout à celle du Vin & des Eaux de Vie, qu'il boit souvent jusqu'à l'excés, & avec danger pour ceux qui se trouvent sous sa main dans ces temps-là.

Il n'est point logé dans l'Alcassave, mais dans un beau Palais y attenant, que l'Alcayde Aly ben Abdalla, dont je parleray ci-aprés, s'y étoit fait bâtir, & que le Roy s'est aproprié, ainsi qu'il fait ordinairement de tout ce qu'ont ses Sujets qui l'accommode ou qui lui plaît.

Il a déja épousé trois Femmes dont il a huit Enfans, & on lui destine une Fille de l'Alcayde Aly pour sa quatriéme.

Il affecte de paroître plus familier & plus genereux que son Pere, & pour s'en attirer l'opinion, & se faire aimer, il ne feint pas avec ses Amis d'en desaprouver la conduite aux occasions; Il s'en expliqua même

## DE MAROC.

en ce sens assez ouvertement, à ce qu'on m'a assûré, aprés ce déni que j'ay remarqué que ce Roy fit de sa Parole & de son Ecrit, au sujet de la Paix qu'il avoit si fort témoigné desirer avec Sa Majesté.

La plûpart des autres Enfans du Roy sont élevez, je ne diray pas seulement avec si peu de marques de Noblesse & de Grandeur, mais j'y ajoûteray avec tant de negligence & si peu d'éducation, qu'il n'y a gueres de bassesses, dont ils ne soient capables, sur tout pour ce qui regarde la débauche & l'argent; ils vont souvent visiter les Juifs pour y trouver à boire, ou à prendre; car ils sont Larrons comme des Choüetes, & ne cedent en rien dans cet Art aux plus habiles Lacedemoniens du temps passé: & quand ils rencontrent quelque Esclave, ils le foüillent & lui prennent tout ce qu'il a, aussi leur approche & leurs visites ne sont-elles pas moins évitées dans les Maisons des Particuliers, que celles des Bohemiens dans nos Villages.

Je n'ay pas été exempt de cette épreuve dans une visite que j'ay essuyée d'un d'entr'eux âgé de douze à treize ans, dans laquelle il ne me fit d'autre salut ni compliment, que de se jetter d'abord sur tout ce qui lui parut dans ma Chambre digne de sa tentation ; je ne sçaurois mieux comparer son entrée & sa sortie qu'à celle d'un Singe qui sauteroit tout d'un coup sur quelque Panier de Fruits qu'il auroit apperçû, & s'enfuiroit avec ce qu'il auroit pû y attraper ; j'en fus quitte neanmoins pour une paire de Pistolets, & quelques Boëtes de Confitures, mais je m'en fis une leçon pour me parer des Mains aussi habiles de ses autres Freres, que je me donnai bien de garde de recevoir ailleurs que dans la Cour, ou à la porte du Palais où on m'avoit logé.

Il est à remarquer qu'à mesure que ces enfans croissent en âge, le Roi les établit Alcaydes ou Gouverneurs de divers païs, Provinces, & Cantons de ses Etats; & qu'aprés la mort du pere, celui qui se trouve le plus en credit & le plus fort surmonte & tuë les autres pour regner seul, & établit en leur place ses Favoris ou ses propres enfans. C'est pourtant celui qui se trouve prés du Roi lors de sa mort qui est ordinairement le plus en état de terrasser les autres, parce qu'il est Maître des Armes, & quelquefois des tresors quand il peut les découvrir. L'Empereur d'aujourd'hui aprouve fort, à ce qu'on dit, cette maxime, & tient que cela rend tous leurs enfans Guerriers pour parvenir

F

104 ESTAT DE L'EMPIRE
à la domination de leurs Freres; mais c'est ce qui produit toûjours des Guerres entr'eux, & ce qui divise aussi facilement les Etats, que les Vainqueurs ont eu de peine à les réünir.

Au reste on void ces enfans dés neuf à dix ans sur des Chevaux fougueux sans selle & sans bottes ni éperons, s'abandonner à toute leur vîtesse, & s'y tenir cependant parfaitement bien : c'est l'usage Mauresque de monter ainsi les Chevaux à poil & de fort bonne heure, tant pour le Cheval que pour le Cavalier, car on y fait monter & travailler les Chevaux dés qu'ils ont un an.

<small>Revenus du Roy de Maroc.</small>

J'ay tenté inutilement l'information & le calcul des revenus de l'Empereur de Maroc, qui n'a presque point de Domaine, j'ay trouvé qu'il étoit autant impossible de les déterminer que de fixer ses caprices pour les Imposts, & son avidité insatiable pour l'or & l'argent; la Disme de tous les biens de ses Sujets en est la regle generale, aussi-bien que la Taxe Annuelle sur tous les Juifs de six écus par chaque mâle depuis l'âge de quinze ans & au dessus; mais il fait si frequemment sur eux & sur ses autres Sujets des Imposts, ou selon leurs termes des Garammes extraordinaires, en cottisant tantôt une Ville, & tantôt une autre, sans aucun pretexte ni sujet que sa volonté, qu'il est tres-difficile d'en penetrer & d'en regler le produit, qui ne laisse pas neanmoins d'être considrable.

Ce qu'il y a de certain est, qu'il fait fondre & enterrer tout l'or & l'argent qu'il en retire, (car les Taxes ne se font ordinairement que par Quintaux d'or ou d'argent) & qu'il tuë toûjours les Ministres & les Consi-

1. Quintal d'argent vaut 2500. livres.

dens de ces Tresors, afin d'y être autant le Maître de son secret, que de leur possession, ce qui est cause aussi que souvent il le fait fondre lui-même, & le cache sans témoins, & c'est ce qui m'a donné lieu de qualifier ce Tresor d'invisible & d'inutile, à l'occasion que j'ay eu d'en parler dans l'article de la Ville de Maroc.

On estime qu'il peut bien avoir de cette maniere jusqu'à cinquante millions effectifs : ce seroit un riche tresor à envahir, & une belle mine à foüiller, si elle étoit aussi facile à découvrir & à approcher.

*Alcaydes.* Il tire beaucoup de ses Alcaydes, ausquels il abandonne tout le revenu de leurs Gouvernemens, mais il les oblige à luy faire en recompense des Presens annuels à la grande Pâque, qui est celle du Sacrifice du mouton, lesquels montent souvent plus haut que ce revenu, ce qui fait auſſi qu'ils n'y ſont pas moins abſolus que le Roi même, & qu'ils y exercent leur domination en veritables Tyrans.

On peut dire que ce ſont ces Alcaydes qui gouvernent tout le Royaume ſous l'autorité de leur Prince; car il n'a ni Parlement, ni Cour de Juſtice, ni Conſeil particulier, ni Miniſtre: il eſt lui ſeul l'Auteur, l'Interprete, & le Juge Souverain de ſes Lois, leſquelles à l'exception de celles de ſon Prophete, n'ont d'autre fondement ni d'autres bornes que ſa volonté; auſſi n'ont-elles de poids & d'effet que par l'extréme cruauté qu'il s'eſt mis en poſſeſſion d'exercer lui-même à droit ou à tort, contre ceux qu'on peut plûtôt appeller les Victimes de ſa fureur & de ſa cruauté, que de ſa Juſtice, qui ne merite ce nom, qu'à l'égard des Volleurs & des Assassins, dont il s'est rendu l'équitable persecuteur ; il est vrai qu'il s'y est attaché avec tant de soin & de succés, qu'il en a nettoyé les grands chemins & les Campagnes, qui en étoient toutes remplies, ce qui doit être remarqué comme une chose des plus memorables & plus utiles qu'il ait faites pendant son Regne: l'ordre qu'il y a mis presentement est si bon & si regulierement observé, en faisant punir capitalement ou pecuniairement tous les Voisins des lieux du délit, qu'on traverse aujourd'hui tous ses Etats avec autant de confiance & de seureté, qu'on faisoit auparavant avec crainte & danger.

Cette autorité qui paroît & qui est effectivement si Despotique, ne laisse pas d'en reconnoître une superieure, & d'y être subordonnée, c'est celle du

Mouphty & de ses Officiers, que le Roy n'a pas le pouvoir de déposer, quoiqu'il ait celui de les établir; il est soûmis comme tous les autres aux Decrets de cette Justice, & ne pourroit la décliner, ni s'en soustraire, s'il plaisoit au moindre de ses Sujets de l'y appeller; mais il faut avoüer en même temps que la vengeance seure & mortelle qui s'en ensuivroit, les en garde bien; aussi n'a-t-elle lieu pour l'ordinaire à son égard, que lorsqu'il la consulte; ou qu'elle trouve à propos de lui faire quelque remontrance utile & necessaire à son service & au bien de son Etat.

Ce Mouphty est Juge Naturel & Souverain des Adulteres qu'il condamne ordinairement à la mort; il est de plus si absolu pour ce qui concerne les particuliers de tous les differends desquels il peut connoître, que ses Sentences

*Du Mouphty & des Cadis.*

ne souffrent jamais ni appel ni delay, le Bâton est toûjours le prémier mobile qui en entraine l'execution, & malheur à celui qui cite à son tribunal, ou qui y est traduit par une partie plus riche ou plus liberalle qu'il ne l'est : car outre que les Cadis qui sont comme les Subdeleguez du Mouphty dans toutes les Villes & Bourgades, vendent toûjours leurs suffrages au plus donnant, les faux témoins, qu'on n'y punit point, y sont si communs & à si bon marché, qu'on ne peut jamais s'y assûrer sur son innocence, ni sur son bon droit.

Les Alcaydes commettent un Cadis dans chaque Ville ou Village de leurs Gouvernemens sous l'autorité neanmoins du grand Mouphty, & y mettent encore deux autres Officiers qui sont fixes comme celui-là, mais qu'ils peuvent déposer quand il leur plaît, à la difference du Cadis, sur lequel ils n'ont pas le même droit.

Le premier de ces deux Offi-ciers se nomme Galife ou Lieutenant du Gouverneur, il a soin de tout ce qui regarde le détail & l'autorité du Gouvernement, & il connoît & decide de tous les délits & querelles des Maures & des Juifs, ce qui ne se fait jamais qu'au profit de l'Alcayde, parceque les delinquans ou querelleurs sont toûjours punis ou accommodez aux dépens de leur bourse, & que le Galife tient compte de cette Amande à son Gouverneur, mais ils ne sont en droit ni l'un ni l'autre de condamner personne à mort, à moins que le Roy ne l'ait ordonné; c'est encore cet Officier qui fait l'imposition des Garammes ordinaires & extraordinaires dont la recolte ne se fait, que par quelque Noir que le Roi envoye

*Galife.*

sur les lieux pour cela.

L'autre Officier est l'Amokadem ou Juge de Police; sa fonction est de mettre tous les jours la Taxe & le prix aux Denrées comestibles & combustibles, qui se vendent toutes au poids, & de tenir la main à leur execution : le Droit qu'il s'établit & approprie sur toutes ces choses rendroit cette Charge tres-lucrative, s"il étoit seul à en profiter, mais si les presents annuels qu'il est obligé de faire à son Alcayde, & quelquefois même au Roy, ne lui en enlevent pas tout le profit, ils le diminuent au moins de la plus grande partie.

*Amokadem.*

Voilà donc à quoy se reduit le Gouvernement interieur de tout ce grand Royaume, dont il ne reste plus qu'à examiner les Forces de Terre & de Mer, & le Commerce pour connoître parfaitement tout ce qui le compose.

J'ay déja fait voir que ses For- *Forces de Terre du Roy de Maroc.*
ces de Mer sont peu de chose,
& j'en ay fait le détail particulier; ce qu'il y a maintenant à
dire de celles de Terre, est
qu'elles pourroient être considerables, si ce Prince sçavoit dis-
cipliner ses Sujets, & s'il avoit
dequoy les armer; mais on peut
juger de leur qualité sur deux
deffauts si essentiels, aussi-bien
que sur celui de n'entretenir aucunes Troupes; quand ce Roy
a projetté quelque expedition,
il ordonne à ses Alcaydes de luy
lever le nombre de Troupes qu'il
y destine, sur quoy ils convien-
nent entr'eux de ce que chacun
doit en fournir à proportion de
l'étenduë de son Gouvernement,
où la repartition s'en fait suivant les Rolles de ceux qui
payent les Garammes; on fait
ensuite marcher de force ceux
d'entre les Gens mariez qui ne
s'y portent pas de leur gré, ou

du moins on les oblige d'en mettre d'autres en leur place; on peut de trois Freres en prendre deux, mais il faut qu'ils soient mariez, car pour les jeunes & non établis on ne sçauroit les y forcer.

Ces gens ainsi levez, soit Officiers, Soldats, ou Cavaliers, sont obligez de se nourrir, monter, armer, & entretenir à leurs dépens pendant toute la Campagne, & comme ils n'ont pour la plûpart ni armes à feu, ni poudre, ils n'y vont qu'avec des épées, des lances, ou des Bâtons.

Cependant il y en a dans chaque Ville ou Village un certain nombre proportionné à la grandeur du Lieu, qui doivent toûjours être armez, & prests à marcher au premier Commandement; on donne seulement des Chevaux à ceux qu'on y destine pour Cavaliers, qu'ils sont obligez de nourrir, & tous ceux qui composent ce nombre, soit Fantassins ou Cavaliers, sont exempts de toutes Garammes : ainsi on peut les dire entretenus, non pas aux dépens du Roy, mais du Lieu d'où ils sont.

Lorsqu'ils sont prests à combattre, ils rangent leurs Armées de cette maniere : ils divisent la Cavalerie en deux, & la mettent sur les Aîles, l'Infanterie remplit le milieu, de sorte que le tout prend la forme d'un Croissant, ils ne mettent jamais que deux rangs de Soldats, quand le Combat se donne dans la Plaine, mais lorsque c'est entre des Montagnes, où ils n'ont pas de quoy s'étendre, ils en mettent davantage.

*Manieres des Maures pour combattre.*

Ils font d'abord un grand cry qui est suivi de quelques courtes Prieres, pour demander à Dieu la Victoire. Les Armes de la Cavalerie, qui est toûjours prés la personne du Roy, & toute composée de Noirs, sont des Fusils & des Cimeterres avec quelques Pistolets à la Ceinture, celle qui est plus éloignée est mêlée de Lances & de Mousquets; quant à l'Infanterie, une partie est armée de Fusils, & l'autre d'Arbalêtes, de Frondes, de Massuës, de Demy Piques, ou Zagayes, & de Sabres.

Quand il s'agit de se faire la Guerre les uns aux autres, ils n'y vont pas volontiers, mais quand c'est contre les Chrétiens, chacun s'empresse & fait gloire d'y aller gagner des Indulgences pour satisfaire à leurs pechez; & pour lors les Armées sont fort nombreuses.

Tous les Arabes & Barbares qui se trouvent sur le passage de l'Armée, sont obligez de faire trouver *gratis* par tout où elle doit camper des Provisions de Bleds, d'Orges, de Farines, de Beurre, d'Huiles, de Miel, & de Bestiaux pour sa subsistance, & cela sous peine de voir mis au pillage tout ce qu'ils ont, & d'être eux-mêmes taillez en pieces.

On prétend que dans une occasion pressante, & qui regarderoit la Religion, le Roy pourroit bien mettre sur pied jusqu'à cent mille Hommes, dont il y en auroit la moitié de Cavalerie, mais il ne sçauroit y en avoir vingt-cinq mille au plus de bien armez ; on tient que le Roy a pour cela dix mille Mousquets dans son Alcassave, desquels il reserve la possession, ainsi que du Tresor à celui de ses Enfans qu'il se destine pour Successeur, afin de le mettre en état de maintenir sa Couronne contre ceux de ses Freres ou autres qui voudroient la lui disputer ; car il est constant, comme je l'ay déja remarqué, que celui qui est

Maître des Armes & de l'Argent, le devient bientôt de tout le Royaume, qui n'est ni Hereditaire, ni Electif, mais toûjours à celui d'entre les Cherifs qui se trouve le plus en credit.

Il y a encore dans l'Alcassave, outre tous ces Mousquets, cent cinquante Pieces de Canon de Fonte, dont une partie vient du Vaisseau la Capitaine d'Espagne, qui se perdit il y a dix ans devant Ceüta, & l'autre de la Forteresse de Larache quand elle a été reprise sur les Espagnols.

*Garde du Roy.* Quoique ce Prince n'ait aucunes Troupes reglées, il a neanmoins une Garde ordinaire de trois ou quatre cens Noirs armez de Mousquets tres-pesans; ils sont tous fort jeunes, & il les choisit ainsi, pour ne vouloir pas confier la garde de sa Personne à de plus âgez, de crainte de quelques entreprises ; ils sont presque tous Enfans du Serrail, ausquels il ne donne que la nourriture & les vêtemens, mais ils sont mieux habillez, & plus proprement que les plus grands Seigneurs.

Outre cette Garde le Roy a toûjours prés de sa Personne sept ou huit Alcaydes, qui composent toute sa Cour, & qui ne l'approchent jamais que les Pieds nuds, & sans Turban, mais seulement avec un Bonnet de Laine rouge sur la Tête.

Il y a trois sortes d'Alcaydes, les Principaux sont les Gouverneurs de Provinces, où ils se disent & sont effectivement comme autant de Vice-Rois, les autres sont ou Gouverneurs Particuliers des grandes Villes, ou Commandans Generaux de ses Armées ; ils sont tous obligez d'être dans leurs Postes, & le Roy ne se retient prés de soy que

*Officiers Principaux du Roy de Maroc.*

ceux qui lui sont de quelque utilité particuliere, & aux Enfans desquels il permet d'exercer leurs Emplois ; car il n'a ni pour sa Maison, ni pour l'Administration generale ou particuliere de son Etat aucun autre Officier considerable que le Grand Mouphty pour la Religion & la Justice, le Grand Eunuque pour ses Femmes & son Serrail, & un grand Tresorier pour ses Finances, mais qui n'a que des fonctions passives & onereuses, ne faisant jamais aucune distribution de l'argent qu'il reçoit, & qu'il est obligé de remettre aussi-tôt entre les mains du Roy pour en faire l'usage inutile & soûterrain que j'ay déja remarqué ; & pour ce qui regarde la dépense ordinaire de sa Maison & de ses Femmes, ou l'occasion de quelques frais extraordinaires en temps de Guerre, il faut que cet Alcayde en prenne le fonds sur soy-même & sur les Revenus de son Gouvernement ; ce Prince ne donnant d'ailleurs ni Gages, ni Pensions, ni Gratifications en argent à qui que ce soit.

Celui qui exerce à present cette Charge de Grand Tresorier, est l'Alcayde Abdalla Moussy, il est Gouverneur de tout le Royaume de Fez, dont il laisse l'administration à un de ses Enfans, & se tient toûjours à Miquenez, il est âgé d'environ cinquante-six ans, petit & maigre, ayant les yeux à fleur de tête & la Phisionomie assez belle, il passe pour Homme de bien & de parole, ce qui est tres-rare parmi les Maures, il n'a point de naissance, son Pere étoit Mulletier, il est assez aimé, parce qu'il est honnête Homme, & bien-faisant, mais cette même raison fait qu'il n'a pas un grand credit.

Il y a encore un autre Officier qui est comme le Sur-Intendant des Bâtimens, il s'appelle Aly ben Jehou: il a l'inspection & le soin de tous ceux que le Roy fait faire à Miquenez, il en est si fort occupé, qu'il passe quelquefois des Semaines entieres sans voir son Maître, & bien lui en prend d'être riche pour supporter l'extrême dépense de tous les Materiaux, tant du dehors que du dedans, qu'il est obligé de fournir pour ces Ouvrages; il est vray aussi que son Gouvernement qui contient tout le Païs, qui se trouve depuis Miquenez jusqu'à Tremecen, est d'une grande étenduë & d'un grand rapport; je suis cependant persuadé quelle que soit son œconomie, vû des dépenses sans bornes, ausquelles cet Employ le soumet, que sa subsistance est tout le profit qu'il en retire au bout de l'an; il peut avoir quarante-huit ans; il eſt Moulatre, & d'une grande & belle taille; il a l'œil vif, l'eſprit aiſé, & les manieres aſſez douces, les Eſclaves qui le voyent tous les jours, diſent qu'il eſt bon Homme, & s'en loüent fort, mais comme il s'adonne entierement à ſon Employ, il ne ſe mêle aucunement des Affaires d'Etat.

Celui qui paroît y avoir plus de part, & auquel le Roy ſemble ſeul s'en rapporter eſt l'Alcayde Mehemeth Adou ben Atar; il tient rang auprés de ce Prince comme de ſon premier Miniſtre, & il y a effectivement les mêmes accés & le même credit qu'un Favori, auſſi eſt-il celui de tous ceux qui l'approchent qui ſçait mieux flater ſes paſſions, & entrer dans tout ce qu'il lui plaît; il a été Ambaſſadeur en Angleterre il y a douze ans, & c'eſt lui que j'ay remarqué ci-deſſus qu'on y obligea d'aller à l'Audiance sans Souliers & sans Turban ni Bonnet, en represailles de ce qu'on avoit forcé le dernier Ambassadeur d'Angleterre d'aller nuds pieds à celle du Roy de Maroc; on pourroit croire, comme il le dit, que ce traitement l'auroit rendu grand Ennemi de cette Nation, si son naturel mal-faisant ne le faisoit pas connoître pour tel à l'égard de toutes les autres.

Comme il n'a point de Gouvernement ayant cedé à son Frere celui de Salé, pour se dispenser de l'obligation des Presents, il est le moins riche; mais le plus interessé de tous les Alcaydes; il peut avoir cinquante-cinq ans; il a l'Oeil vif, & la Phisionomie fine, aussi-bien que les manieres & le discours, mais il est fourbe & scelerat au dernier point; il se dit Ami des François, & leur publie toûjours que sa Mere étoit Marseilloise; cependant il n'est Ami que de l'argent, & ne se plaît qu'à faire mal; il est craint & point du tout aimé parmi les Maures dont il n'y a pas un qui ne deteste son Ministere, & ne lui donne en secret toute sorte de maledictions; il est aussi l'intime du Mouley Zydan Fils du Roy, & le Compagnon de tous ses plaisirs.

L'Alcayde Aly ben Abdalla & lui sont Rivaux & Jaloux du credit l'un de l'autre, ce qui rend les affaires difficiles; l'Alcayde Aly toûjours absent ne soûtient le sien que par la richesse de ses Presents, mais celui de Mehemeth Adou, semble mieux établi par son séjour continuel à la Cour, & par ses ruses & son adresse à manier l'esprit du Roy, & à le reduire à ne pouvoir se passer de lui.

Cet Alcayde Aly ben Abdalla,

est celui de tous ceux qui sont éloignez de la Cour, qui a plus de marque de grandeur & d'autorité ; il est Vice-Roy des Algarbes, & Gouverneur de la Province du Riffe, & de toutes les Places Maritimes depuis Zaffarine jusqu'à Salé qui a ses Gouverneurs particuliers ; ce qui fait que le Roy se repose entierement sur lui pour tout ce qui regarde la Marine, & que comme il est fort vain, il se qualifie chez les Etrangers d'Amiral des Côtes d'Afrique ; autrefois il se tenoit toujours à Tetoüan, mais à present sa demeure la plus ordinaire est à Tanger, il peut avoir cinquante ans, & est Homme de fortune, & sans naissance, étant Fils de Pêcheur ; mais c'est un des plus riches de tout cet Empire, & duquel le Roy tire tous les ans de plus grands Presents, les moindres étant de valeur de plus
de

de quatre cens mille livres, ce qui joint à l'étenduë de son Gouvernement que le commerce & la Mer rendent un des meilleurs, & lui procure encore un grand credit auprés de son Maitre ; il ne sçait rien, pas même lire, mais il a un bon sens, & une grande pratique des affaires qui suppléent à tout ; il est fier, hautain, plein de soy-même & fort enflé de sa Fortune & de son Elevation ; il est violent, capricieux, & sujet à des emportemens dans lesquels il n'épargne pas ses meilleurs amis ; cependant quand il en est revenu, il est doux, humain, traitable, & a des manieres tout-à-fait nobles & honnêtes ; il ne hait pas les Chrétiens ; il se dit Ami des François, & grand Ennemi des Espagnols ; mais il y a lieu de croire que la politique & l'interest ont plus de part à ces sentimens apparens, que la ve-

G

rité; car il est constant qu'outre que le Roy le persecute à outrance pour la Conquête de Ceüta, dont il lui impose l'execution sur le prix même de sa Tête propre, c'est que plus le Commerce abonde dans les Villes de son Gouvernement, & plus ses Revenus & les Presents qu'il est obligé de faire en sont considerables; c'est ce qui fait aussi qu'il souhaiteroit avec passion que son Maître fût en Paix avec ceux des Princes Chrétiens qui lui paroissent les plus Puissans sur la Mer, & que de temps en temps il en tente l'entreprise envers le Roy; mais il faut qu'effectivement ce credit qu'il a toûjours grand soin d'étaller, ne soit pas assez fort pour l'emporter sur les contrarietez continuelles de son Competiteur; ou qu'il presume un peu trop de ces artifices pour l'engagement & le succés de ses desseins, puisque Sa Majesté vient d'être informée par le rapport que je luy en ay fait, qu'il n'avoit pas moins témoigné de surprise & de chagrin d'y avoir échoüé, que de resolution à toute sorte de nouveaux efforts pour le reparer.

Son grand Favori, & auquel il a recours & confiance pour le Conseil & l'execution de toutes ses affaires, est *Mehemeth Hadgy Lucas*, qu'il a fait son Lieutenant General pour la Marine, & qui se tient toûjours à Tetoüan : cet Homme a accampagné Mehemeth Adou dans son Ambassade d'Angleterre, ce qui le rend un peu plus poli ou moins barbare que les autres; il a beaucoup d'esprit & de connoissance des Affaires ; il parle assez bien Espagnol, il est vif, adroit, laborieux, violent, dissimulé, fourbe, & toûjours si enclin à mal faire, qu'il est en horreur non-seulement aux Chrétiens & aux Juifs, mais à tous les Maures en general; enfin pour en donner un Portrait juste & plus en racourci, il n'y a qu'à dire, comme il est veritable, que son Temperament, ses Mœurs, ses Paroles, & ses Actions ne dêmentent en rien les Attributs ordinaires au Poil Iscariote de sa Barbe & de ses Cheveux; il n'a pas plus de cinquante ans, mais il est si accablé de maux dont il attribuë la cause à du Poison, qu'il prétend lui avoir été donné dans des Melons, par le Gouverneur de Ceüta, il y a plus d'un an, qu'il est à presumer qu'il ne combattra pas long-temps l'effet des vœux mortels qu'on fait si universellement contre lui.

Puisque le discours & l'occasion m'ont insensiblement engagé à dépeindre le Caractere & les Qualitez personnelles de ceux qui font quelque figure distinguée dans cet Etat, je croy que je ne dois pas oublier un Homme que l'honneur qu'il a eu d'être Ambassadeur en France, y a fait connoître, & des qualitez duquel il est bon qu'on y soit informé, afin que cela serve de regle à l'avenir envers ceux de son même caractere.

C'est *Mehemeth Themin* dont je prétens parler, qui y est venu en qualité d'Ambassadeur en 1681. & qui ne fait d'autre figure en son Païs que d'être Amokadem à Tetoüan, c'est-à-dire, Lieutenant de la Police, & où il a un de ses Freres Frippier, & l'autre vendant de la Corde; encore ce Themin n'y a-t-il obtenu cet Office que depuis son retour, & pour avoir lieu de soûtenir en quelque façon un honneur, auquel même il n'avoit pas été destiné, car il ne devoit êre que le Secretaire de Hadgy Manino Gouverneur de Salé, & le veritable Ambassadeur, mais son Nom fut inseré à l'insceu du Roy dans la Lettre de Creance, que l'Alcayde Omar Adou son Protecteur & Patron leur donna; aussi se garda-t-il bien de s'en vanter à son retour, non plus que des Honneurs & Presents qu'il avoit reçûs en France, & qu'il vendit à Marseille pour en ôter la connoissance à son Païs, & s'en reserver seul le profit, Hadgy Ranino n'osa non plus s'en plaindre, de peur d'encourir la disgrace dudit Alcayde Omar, qui étoit pour lors le Tout-puissant, & dont le Roy de Maroc s'est défait depuis cinq à six ans par cette raison.

Mais pour passer de ces Sujets particuliers de l'Empereur de Maroc à tous ceux qui composent son Etat, il est à remarquer qu'il y en a de deux sortes, dont les uns sont Noirs, & les autres Blancs.

Les premiers, quoique ses Esclaves sont tous ses Confidens, & les Executeurs ordinaires de ses Ordres, & ils le font avec une maniere si imperieuse & si absoluë, que les Alcaydes mêmes les plus Puissans tremblent à la vûë du moindre d'entr'eux. *Noirs du Roy de Maroc.*

Quand il va à la Guerre, il en a toûjours dans son Armée sept à huit mille tant de Pied, que de Cheval ; ce sont les meilleurs Soldats, & qui combattent toûjours prés de sa Personne a- avec des Armes à Feu, & il donne les Gouvernemens des Places ou les principales Charges de l'Armée à ceux qui s'y distinguent le plus.

Le Roy de Maroc fait de temps en temps un amas de ces Noirs, qu'il fait acheter ou enlever par force ou par ruse de leur Païs, & il les marie & les envoye avec quelques Bestiaux, dont il leur donne le soin & le profit, dans divers lieux inhabitez, où il en fait comme une Pepiniere pour s'en servir au besoin.

Pour les Blancs, quoiqu'ils soient libres & en bien plus grand nombre, étans Originaires du Païs, ils n'en sont pas plus considerez ni plus heureux: & pour marque du peu d'affection, d'estime, & de confiance du Roy à leur égard, c'est qu'il commet la garde de sa Personne aux Noirs, ausquels il donne une autorité si entiere sur les Blancs, qu'ils les rançonnent & maltraitent impunément comme ils veulent, & quand il leur plaît; ce qui jette aussi ces derniers dans un desespoir, qui seroit capable de leur faire tout entreprendre, si l'occasion & le pouvoir leur en étoient aussi favorables & faciles, que la volonté.

Il est vray qu'ils sont presque

tous si naturellement portez aux troubles & à la revolte, que la connoissance qu'en a ce Prince, n'est pas le moindre de ses motifs à les vouloir toûjours tenir dans la crainte & dans la soûmission ; & qu'il n'a d'autre interest & d'autre soin pour maintenir son Autorité en Paix & en splendeur, que de prevenir & empêcher leurs mouvemens du dedans, la situation de ses Royaumes étant telle, qu'il n'a presque rien, ou du moins trespeu de chose à apprehender des entreprises du dehors.

En effet, ses Etats seroient comme inabordables du côté de la Mer, sans les Places que j'ay déja remarqué que les Espagnols & les Portugais y tiennent; mais si les premiers ne se precautionnent pas mieux pour Ceüta qu'ils ont fait en dernier lieu pour la Rache, dont l'Assiete & les Fortifications ici marquées font assez voir que la perte doit bien moins s'en attribuer au défaut de courage & de valeur des Officiers & Soldats de sa Garnison, qu'à celui de leurs Vivres & Munitions ; il est fort à craindre, qu'ils ne se la laissent encore enlever de la même maniere, & avec d'autant plus d'étonnement, que les Maures n'ont ni les Instrumens, ni l'Industrie, ni des Ingenieurs, ni l'Experience necessaires pour de semblables expeditions ; il n'en est pas ainsi de Mazagan, où le Roy de Portugal a soin de tenir toûjours une bonne & forte Garnison.

*Plan*

## DE MAROC.

*plan de la Ville & Forteresse de la Rache 1688.*

- A Fort de Saint Jacques.
- B Château de saint Antoine.
- C Château de Nôtre Dâme d'Europe.
- D Tour du Juif.
- E Chemin couvert de saint Jean.
- F Chemin couvert de Nôtre Seigneur.
- G Boulevard de Diego de Vera.
- H Porte du Camp.
- Y Porte du Mole.
- 1 Porte de la Marine.
- K Fausse Porte de saint Antoine.
- L Fausse Porte de saint François.
- M Convent de saint François.
- N Porte de la Tour.
- O Nostro Senor della Cabeza.
- P Saint Antoine.
- Q Hôpital.
- S Casernes vieilles.
- T Casernes neuves.
- V Magasins vieux à Bled de Vera.
- X Magasins neufs à Bled de Vera.
- Z Magasins à Poudre.
- 1 Maison & Jardin du Gouverneur.
- 2 Bureau du Commissaire.
- 3 Logement de Sergent Major.
- 4 La Fontaine Neuve.
- 5 Puits de saint Michel.
- 6 La Grande Fontaine.

*Lucorio* ou *Licus* Fleuve.

Les seuls Voisins du Roy de Maroc du côté de Terre, sont les Negres d'une part, & les Algeriens de l'autre; il n'a rien à craindre de ces premiers, tant à cause du Grand Fleuve & des Montagnes qui les separent & qui rendroient leurs entreprises, sinon impossibles, du moins tres-difficiles, que pour les avantages que lui & eux retirent reciproquement de leur union, les Maures faisant un Commerce considerable en Guinée, d'où pour du Sel, pour quelques Clinquailleries, petits Miroirs, & autres Babioles venans de Venise, ils rapportent bonne quantité de Poudre d'or, des Dents d'Elephans, & des Noirs en nombre, dont le Roy gagne d'ailleurs si fort l'affection par le bon traitement qu'il leur fait, & par la consideration où j'ay déja remarqué qu'il les met dans son Païs, qu'ils s'en regardent tous comme veritables Sujets.

Il n'est pas dans la même tranquillité du côté des Algeriens, dont la valeur & la facilité d'entrer dans son Païs, le tiennent dans une continuelle défiance ; mais il a l'adresse & le bonheur de s'en parer souvent par le pretexte de la Religion, & du Compte qu'il leur fait insinuer aux occasions par ses Talbes & Marabous, qu'ils auroient tous deux à rendre à Dieu & à leur Prophete du sang qui se répandroit entr'eux par des Guerres opposées à leur Loy ; ce n'est cependant que sa propre foiblesse, son experience en quelques rencontres, & la crainte qu'il a du Grand Seigneur, dont il apprehenderoit aussi quelque invasion vindicative par ce côté-là, qui l'entretiennent dans cette apparence de bons sentimens ; car il est constant qu'il les hait du moins autant qu'il fait les Chrétiens, auſquels même il les compare toûjours, à cauſe de la difference qui ſe trouve dans leurs croyances, ſur laquelle il traite auſſi tous les Turcs d'Heretiques, & que s'il voyoit le moindre jour à s'emparer de leurs Etats ou par la trahiſon, ou par la force, il n'en manqueroit pas l'occaſion.

{Commerce des Maures.} Quant au Commerce, celui qui ſe fait dans ces Royaumes eſt comme par tout ailleurs également avantageux aux Negocians, tant du dehors que du dedans ; & ce Prince encore plus attaché à ces propres intereſts qu'à ceux de ſes Peuples, connoît ſi bien l'utilité particuliere qu'il en retire dans ſes Doüannes, que quelle que ſoit ſon antipathie & ſa prévention de religion contre les Chrétiens, & quelque Guerre qu'il ait avec eux, il ne laiſſe pas de tolerer le leur, & de mettre toute adresse en usage pour se l'attirer; de maniere qu'en tout temps il y a dans ses Villes maritimes de toute sorte de Nations, & ses Alcaydes sçavent si bien par des emprunts qu'ils accumulent, & qu'ils n'achevent jamais d'acquitter y engager ceux que l'esperance du gain y attire, & que les premieres caresses & apparences de bon traitement portent à s'y établir, que quelque repentir que leur en cause les injustices, les dégoûts & les avarices frequentes qu'on leur y fait souffrir, il ne leur est jamais possible de s'en tirer, à moins qu'ils n'abandonnent leurs dettes & leur fortune, & qu'ils ne preferent à l'interest l'amour naturel de leur patrie & de leur liberté.

On a voulu m'assûrer que ceux qui demeurent à Salé, sont traitez plus doucement, dont je doute fort; mais ce que j'ay vû pratiquer pendant mon séjour à l'égard de ceux de Tetoüan & de Tanger, & envers les Capitaines & Patrons des Bâtimens qui y abordent m'a tellement surpris, que toute l'induction que j'en puis tirer, est qu'il faut que les uns & les autres soient bien mal informez, ou qu'ils y trouvent de grands profits pour se resoudre à s'y exposer.

Le dixiéme de toutes les marchandises qui entrent dans ces Royaumes, & de toutes celles qui en sortent, est le Droit que ce Roi y a imposé, & qui lui procure un revenu tres-considerable; ce qui s'en retire à Salé n'entre point, comme aux autres Gouvernemens dans la joüissance que Sa Majesté abandonne à ses Alcaydes, ni dans les presents qu'elle en exige, & c'est peut-être ce qui produit aux Marchands ce meilleur traitement que j'ai remarqué, parce que les Gouverneurs ne s'y attachent pas si fort à leur faire un mal dont ils ne pourroient profiter, puisqu'ils sont obligez de rendre au Roi un compte particulier de ce produit, & de le lui payer en especes au bout de l'an, en déduisant ce qu'ils peuvent en avoir dépensé selon ses Ordres, dont ils lui fournissent un Etat.

L'avantage que la France trouve en ce Commerce, est qu'elle y débite ses propres Denrées, qu'elle y fait valoir ses manufactures, que les Marchands n'y portent point d'argent, & qu'ils en rapportent toûjours des marchandises de plus de valeur que celles qu'ils y ont porté.

Le trafic de la Provence consiste en Tartre & Papier, dont la consommation est grande en Barbarie, aussi-bien que celle des Bonnets de Laine rouge, fins & communs, Draps de Languedoc, Cadissons de Nismes, Bazins de Montpellier, Futaines, Peignes, Soyes, Toilleries de Lyon, Fil d'or, Brocards, Damas, Damasquins, Velours, Cottons, Cottonines, & autres Denrées du Levant de peu de prix, mais d'un bon debit en ces Païs & d'un meilleur produit.

Celui de Roüen, saint Malo, & autres Villes du Ponant est presque tout en toiles, dont on estime qu'il s'en transporte & debite tous les ans dans l'Affrique pour plus de deux cens mille livres.

L'échange qu'on y fait de toutes ces marchandises consiste en Cire, Cuirs, Laines, Plumes d'Autruche, Cuivre, Dattes, Amandes, Arquifou (Pierre dont on se sert pour la Terraille) & des Ducats d'or, qui servent aux Provençaux pour leur Negoce du Levant.

Ce sont comme je l'ay déja remarqué, les Juifs & les Chrétiens qui font tout le Commerce en ce païs, & principalement celui du dehors, auquel les Maures ne s'adonnent point.

Salé & Tetoüan sont les Endroits du plus grand abord, & d'où les marchandises sortent plus facilement; Safy & Sainte Croix ont aussi leur negoce pour ce qui vient de Maroc, Tafilet & Suz, mais il n'y est pas si frequent.

La Ville de Fez est comme le Magazin general de toute la Barbarie, c'est là que se tiennent les meilleurs Negocians & le plus grand nombre de Juifs qui se monte à plus de cinq mille; ils achetent tout ce qui vient d'Europe & du Levant, & le repartissent dans les Provinces, d'où ils retirent aussi ce qu'elles produisent pour en negocier dans les Villes maritimes; c'est dans celle-ci que se fabriquent les peaux de Maroquin rouge, & les plus belles de toute la Barbarie.

Le commerce d'Espagne consiste en Cochenille & Vermillon.

Celui d'Angleterre en Draps & en Cauris de Guinée, qui sont des Coquilles servans de monnoye en ce païs-là.

La Hollande y transporte des draps, toiles, épiceries de toute sorte, Fil de Fer, Leton, Acier, Benjoüin, Storax, Cinabre, petits miroirs, mousselines pour les Turbans, & de temps en temps des armes, & autres munitions de guerre.

L'Italie fournit de l'alun, du Souphre en Canon, & quantité de Babioles de Terre qui se font à Venise.

Il y vient du Levant de la Soye, du Cotton, de l'Orpiment, du Vif-argent, du Reagal & de l'Opium.

On ne rapporte en ces lieux-là

pour toutes ces sortes de marchandises & drogues, que les mêmes choses que j'ai notées dans l'article de France, à proportion de l'usage qu'on y en fait.

C'est Cadix qui sert presentement d'entrepost à toutes les marchandises d'Angleterre & d'Hollande, ausquelles sa proximité en facilite ensuite le transport commode & seur par le moyen des Bâtimens Portugais qui vont les y charger.

Le Roy de Maroc est si persuadé de l'utilité de son Commerce, & en est si jaloux, qu'il est constant qu'un des meilleurs moyens d'abaisser son orgueil & de le mettre à la raison, seroit d'empêcher celui des autres Nations, ou de le traverser d'une maniere à les en dégoûter : Et ce qui m'en paroît encore, est que celui de la Mer Mediterranée n'y est pas si absolument necessaire, qu'on ne puisse en retirer & y debiter par la voye d'Alger la plûpart des mêmes choses qu'à Tetoüan & à Salé ; ce qu'on pourroit seulement y opposer de veritable, est que cela ne se feroit pas à si bon compte.

*Monnoye d'Affrique.* Les Monnoyes Etrangeres n'ont aucun cours en ce Païs, à l'exception des piastres d'Espagne, dont la valeur & le prix se reglent selon leur poids, qui se trouve toûjours entre soixante & soixante-dix sols ; les pistoles d'Espagne & d'Italie, & les Loüis d'or de France ne s'y debitent qu'au prix de dix livres & dix livres dix sols ; & encore ne les prend-on qu'en masse & au poids pour les fondre ; Il n'y a que les Ecus blancs de France que les Juifs prennent tout communément pour soixante-cinq sols, & dont on y en portoit beaucoup avant leur reformation, à cause du gain qu'on y trouvoit.

## DE MAROC. 149

La Monnoye courante du païs n'est que de trois sortes, celle d'or qui se nomme Ducat, celle d'argent, Blanquille, celle de Cuivre, Felouz; elles ne sont marquées que de quelques Lettres Arabes, on n'y met point la Figure du Prince, leur Loy n'en permettant aucune.

Le Ducat vaut depuis six francs jusqu'à sept livres dix sols de nôtre Monnoye, & son prix, qui n'est jamais fixe, augmente ou diminuë selon les diverses occurrences; c'est-à-dire, selon l'affluence ou le repos du Commerce, & que les Embarquations sont plus ou moins frequentes.

La Blanquille est la Monnoye la plus ordinaire & la plus reglée, elle vaut deux sols six deniers de la nôtre, & c'est en cette espece que se font communément tous les payemens.

Le Feloux est comme un de

nos deniers, mais il vaut un peu davantage, il en faut vingt-quatre pour une Blanquille.

On compte par Onces ou par Meticalles, (qui est la même chose en Arabe, que Ducat en François) l'Once est composée de quatre Blanquilles, ou dix sols de nôtre monnoye.

La Meticalle ou Ducat en general n'est rien de réel, ce n'est qu'une maniere de compter comme nos Francs ou Livres en France, mais la valeur en est fixée à quarante Blanquilles, ou cent sols de nôtre monnoye, en sorte que quand on dit simplement qu'une chose vaut tant de Meticalles, ou tant de Ducats, quand même on diroit Meticalles ou Ducats d'argent, cela s'entend toûjours pour autant de cent sols; il n'en est pas de même des Meticalles ou Ducats d'or, dont l'espece est réelle & la valeur ambulante, ainsi que je l'ai déja observé.      AU-

# AUDIANCES
## DONNEÉS
## AU Sr DE St OLON,
### A MIQUENEZ
### PAR
## MOULLA ISMAËL,
### EMPEREUR DE MAROC.
## En l'Année 1693.

H

## PREMIERE
# AUDIANCE.

JE fus admis à cette Audiance, qui avoit été precedée six jours devant d'une Entrevûë du Roy de Maroc en pleine Campagne, & à la tête de dix ou douze mille Chevaux, le onziéme Juin 1693. à onze heures du matin, & neuf jours aprés mon arrivée à Miquenez, pendant lesquels outre qu'il ne me fut pas permis de faire ni de recevoir aucune visite, ni mêmes de sortir de mon Palais, non plus qu'au Consul ni a pas un de ma suite, il ne se passa point de jour, qu'on ne vinst m'avertir de grand matin de me tenir prest pour y aller, & qu'on ne me remist chaque soir au lendemain.

L'usage établi parmi les Maures de ne laisser voir personne aux Ambassadeurs, jusqu'à ce qu'ils ayent eu leur Audiance, fut le pretexte dont ils se servirent pour autoriser cette maniere de détention.

Ce fut l'Alcayde Hacmeth Adou Riffy, Gouverneur de la Rache & d'Alcassar, qui vint me prendre pour m'y conduire, étant accompagné de quelques Maures de distinction, & de quelques Noirs de la Garde du Roy, qui nous garantirent de la foule de la populace, mais non des huées & injures dont ils accablent tous les Chrétiens, sans que le Caractere d'Ambassadeur en soit à couvert.

Cet Alcayde est Frere du feu Alcayde Omar Adou, premier Ministre & Favori du Roy de Maroc, mais dont le merite, l'autorité, & le credit donnerent assez d'ombrage à ce Prince, pour le déterminer il y a cinq ou six ans à le faire tuer.

Nous allâmes tous à pied à l'Audiance, quoique le Chemin que nous avions à faire fust assez long, & le chaud fort grand, mais j'étois muni d'un Parasol, qui ne laissoit pas de m'être de quelque secours contre la force des Rayons du Soleil, qui est excessive en ce Païs-là. Douze Esclaves François marchoient aprés toute ma suite, chargez des Presents que je devois faire en mon Nom au Roy de Maroc, & qui consistoient en de tres-belles Armes, diverses Montres de prix, plusieurs Pieces de Draps Rouge & Bleu, & de Brocards Or & Argent tres-riches, & deux Tapis de la Savonnerie d'une grandeur & d'une beauté toute singuliere.

Nous entrâmes de cette maniere dans l'Alcassave, ou Palais

du Roy par une grande & belle porte, que deux Colomnes de marbre qui sont au devant font appeller la porte de marbre, & aprés avoir suivi une longue allée bordée à droit & à gauche de plusieurs des Noirs de la Garde du Roy, & fermées des deux côtez par des murailles assez hautes, fort blanches, & qui ne sont construites, ainsi que toutes celles de ce Palais, que de Chaux, de Plâtre, & de Ciment avec de l'eau, lesquels battus ensemble à mains d'hommes, composent une espece de mastic aussi dur que le Marbre, & trés-blanc, nous arrivâmes à un pavillon découvert, & non encore achevé, qui formoit quatre grands Portiques, dont chaque Face aboutissoit aussi à une pareille allée, qui servoit de Chemin aux differens Logemens de cet Alcassave.

On me fit demeurer à l'Entrée de ce pavillon, pour y attendre, à ce qu'on me dit, qu'on eût fait avertir le Roy que j'étois là. Il ne parut qu'un gros quart-d'heure aprés, venant par une de ces allées, laquelle étoit aussi bordée en Haye d'environ deux cens petits Noirs avec de fort gros mousquets, & qui s'inclinoient jusqu'à terre à mesure qu'il passoit devant eux.

Il étoit suivi de peu de gens, & monté sur un Cheval blanc, tres-different quant à sa beauté & à la richesse de son Harnois de celui sur lequel je l'avois vû le jour de sa revûë. Il tenoit en main une Lance ou longue pique, & outre qu'il étoit vêtu aussi simplement que le moindre de ses Sujets : Il avoit le Visage caché jusqu'aux Yeux d'un mouchoir couleur de Café, qui paroissoit assez sale, & qui faisoit à la vûë un fort mauvais effet.

Il mit Pied à terre à l'entrée de ce Portique, & aprés avoir donné sa Lance à un de ses Noirs, il vint s'asseoir sans Nate ni Tapis sur le Seüil d'un grand Poteau de Bois qui y servoit d'Etaye. Il avoit les Bras & les Jambes nuës, un Noir tenoit derriere lui un Evantail pour lui donner du frais, & pour écarter les Mouches qui sont trés-nombreuses & tres-incommodes en ce Païs-là. Quelques Alcaydes étoient assis à Terre & à sa gauche, sans Souliers ni Turban, & n'ayant qu'un simple Bonnet rouge sur la Tête: il y en avoit un à sa droite qui étoit debout; mais qui n'avoit comme les autres ni Souliers ni autre Coëffure que le Bonnet, c'étoit l'Alcayde Mehemeth ben Adou Atar, qui tient rang auprés de lui de premier Ministre, & y a le même credit qu'un Favori.

Dés que le Roy se fut ainsi assis, & que je l'eus salué, il commença le premier à me parler : il repeta deux ou trois fois *Tay buon*, terme qui signifie, soyez le bien venu, & dont il se sert toûjours pour marquer un bon accüeil à ceux qui l'abordent : & ensuite il me dit en sa Langue, Arabesque, que j'étois un bon Chrétien, qu'il me voyoit avec plaisir, & qu'il m'accorderoit de même tout ce que je lui demanderois. A quoi je répondis en François, aprés m'être couvert, par le Compliment que je lui avois preparé, & qu'il écoûta patiemment d'un bout à l'autre, quoiqu'il fût un peu long, & que ce ne soit pas sa coûtume d'être tant de temps sans interrompre ceux qui lui parlent, & sans les interroger.

## COMPLIMENT DU Sr DE St OLON A L'EMPEREUR DE MAROC.

*Tres-Haut, Tres-Excellent, Tres-Puissant, & Tres-invincible Prince, Moulla Ismael, Empereur de Maroc, Roy de Fez, de Tafilet, & de Suz.*

SIRE,

L'étonnement & le respect qu'imprime à son abord l'Aspect Royal de VÔTRE MAJESTÉ, me retiendroit comme tous ceux qui y sont admis, dans l'admiration & le silence, si je n'avois l'honneur de paroître devant Elle à l'abri du Nom sacré de Tres-Haut, Tres-Excellent, Tres-Puissant, Tres-Magnifique, Tres-Invincible, & toûjours Victorieux LOÜIS LE GRAND, Tres-Chrétien, Empereur de France & de Navarre, le Fils Aîné de l'Eglise, le Deffenseur de la Foy, l'Azile & le Protecteur des Rois, l'Arbitre & le Grand Conquerant de l'Europe.

C'est aussi ce qui m'autorise à témoigner à VÔTRE MAJESTÉ, que quand l'Empereur mon Maître m'a honoré du choix de son Ambassadeur en Vôtre Cour, il a mis mes vœux & ma joye à leur comble, en me procurant la gloire & le bonheur d'y voir un Prince, pour qui toutes les Merveilles que j'en ay lûës & oüy raconter, ne m'avoient pas moins inspiré de curiosité que de veneration.

En effet, SIRE, il n'y a personne qui ne sçache parfaitement, que *Moulla Ismaël*, est le plus Fameux & le plus Belliqueux Prince qui ait occupé le Trône de l'Affrique depuis Almansor, & que ce sont vos incomparables Exploits, qui joints à toutes les qualitez de Vôtre Naissance Royale, vous ont frayé les sentiers pour y arriver plus vîte, & pour le remplir avec plus d'autorité & d'éclat.

Mais quoique la Renommée, qui a pris soin de les publier, n'ait rien obmis de ce qui doit en attirer par tout les applaudissemens ; j'en trouve cependant un nouveau sujet dans ce qui fait celui de mon Ambassade ici, lequel me paroît si digne de la grandeur d'ame de VÔTRE MAJESTÉ, & de l'attention de ses Peuples, que pour en mettre le prix dans tout son jour, je me fais également un devoir & un plaisir de le leur apprendre, & de les en feliciter.

Hé que pouvoient-ils souhaiter de plus, aprés tant de combats & de Victoires, qui ont affermi les uns, & assujetti les autres, sous Vôtre Domination triomphante, que d'en voir établir le repos & la douceur par les marques de tendresse & de bonté paternelle que vous leur donnez en cherchant tous les moyens possibles, pour qu'aucun d'eux ne reste au dehors dans l'esclavage & dans les fers.

Ce n'est sans doute qu'à cet amour de pere, dont vous voulez qu'ils ressentent que le titre ne vous flate pas moins que celui de leur Roy, qu'ils doivent les soins & le desir que vous avez fait paroître depuis quelque temps, de retirer tous vos esclaves qui sont en France, de procurer à vos Sujets la paix qui leur est si necessaire, avec ceux de l'Empereur mon Maître ; & de remettre par ce moyen dans leur commerce, la feureté, l'abondance, & la tranqu'illité : A quoy Sa Majefté Imperiale voulant bien auffi contribuer, elle m'a commandé de venir vous affûrer en fon Nom, qu'elle a toûjours confervé tant d'amitié, & une fi haute eftime pour Vôtre Majeste', qu'il ne fe peut rien ajoûter ni à fon empreffement à vous en continuer les témoignages, ni à la fincerité de fes intentions à vous en perfuader.

J'ofe en méme temps me promettre, que des difpofitions fi uniformes feront fuivies de tout le fuccés que j'en defire, & que le Traité de renouvellement d'Alliance & de Paix dont je fuis chargé, fe concluant avec tout l'agréement & la folidité convenable au bien & aux fouhaits communs des deux Empires, la bonne correfpondance s'y rétablira si parfaitement, que rien ne sera jamais capable de l'alterer.

Ce sont là, SIRE, les Intentions & les Resolutions de l'Empereur mon Maître, dont je ne doute pas que la Renommée toûjours occupée des Faits merveilleux de Sa Majesté, ne vous ait appris les Victoires & les Conquêtes presqu'incroyables de ses Campagnes dernieres, & comment malgré le prodigieux nombre d'ennemis liguez depuis tant de temps contre la puissance, la Sagesse, la Valeur, & la Fortune de Loüis LE GRAND, il a toûjours eu le bonheur d'en triompher ; c'est un effet visible de la protection du Dieu des Armées, & de la recompense qu'il accorde à sa pieté: fasse le Ciel que l'Union que je viens renouveller entre VOS MAJESTEZ IMPERIALES, soit toûjours favorisée & soûtenuë d'une semblable protection, & que vous soyez à jamais l'un & l'autre l'Amour, les Délices, & le Bouclier de vos peuples, l'Appui de vos Alliés, la Terreur de vos ennemis, & les Maîtres absolus des vastes parties du monde, où vous regnez tous deux si glorieusement.

Aprés un augure si juste & si zelé, il ne me reste, SIRE, qu'à supplier tres-humblement VÔTRE MAJESTE, de vouloir agréer en ces presents, quoique marques tres-foibles de mes profonds respects, celles de mon intention pour ce que j'ai crû pouvoir lui plaire.

MON Interprete le lût ensuite en Moresque, & ce Prince aprés y avoir répondu d'une maniere qui nous fit connoître qu'il l'avoit oüi avec agréement, y ajoûta des excuses, de ce que l'occupation des Ceremonies de sa Pâque, dont il citoit pour témoins tous les Esclaves Chrétiens, l'avoient empêché de me voir plûtôt.

Il passa aprés aux éloges du Roy qu'il étendit beaucoup sur sa puissance, sa valeur, & sa sage conduite, & sur la difference considerable qu'il en faisoit d'avec tous les autres Potentats de l'Europe, parmi lesquels il disoit ne connoître que l'Empereur de France pour veritable Souverain, & pour le seul qui sçût comme lui (car il affecte toûjours de s'y comparer) regner par soy-même, & se faire l'Arbitre absolu du sort & des volontez de ses peuples. Puis repetant ce qu'il m'avoit déja dit dans la premiere entrevûë touchant les avantages que le Grand Seigneur trouvoit dans l'Alliance qu'il entretenoit depuis si long-temps avec Sa Majesté, il ajoûta que tous ces motifs joints à l'eſtime qu'il concevoit pour les rares & grandes qualitez de ce premier Monarque des Chrétiens, l'avoient ſi fort excité à rechercher auſſi ſon Amitié; & l'en avoient rendu ſi impatient, qu'outre ce qu'il lui en avoit fait témoigner par le Conſul Eſtelle, il avoit été ſur le point de la lui envoyer demander par des Ambaſſadeurs, ſi j'avois encore tardé quelques jours à arriver.

Je rêpondis que l'Empereur mon Maître bien informé de ſes ſentimens, m'avoit dépêché le plus promptement qu'il lui avoit été poſſible pour lui en marquer de ſa part ſon agréement, l'aſſûrer de la ſincerité de ſes bonnes intentions pour tout ce qui ſeroit de ſa ſatisfaction & de ſes avantages, & renouveller avec lui par une Paix ſolide & durable, les nœuds d'une Amitié qui ſeroit d'autant plus constante qu'elle étoit uniquement fondée sur l'estime que deux si grands Princes ne pouvoient se refuser l'un à l'autre, & que pour moy je me tenois tres-honoré & tres-heureux d'avoir été choisi pour l'execution d'un si agreable Projet.

Il dit que son intention étoit aussi de faire une bonne Paix ; qu'il chargeoit l'Alcayde Mehemeth ben Adou Atar qui étoit là present, d'en regler les conditions avec moy ; qu'il étoit son proche Parent ; qu'il le regardoit comme un autre lui-même, & qu'étant Fils d'une Françoise (il est vray que la Mere de cet Alcayde étoit Marseilloise) je ne devois pas douter de trouver en lui toute sorte de bonnes dispositions & de facilitez.

Je repartis que je le remerciois de vouloir bien me mettre entre les Mains d'un Ministre dont le merite & l'Eloge devenoient accomplis par le choix d'un Prince si éclairé, & que pourvû que l'effet répondît à de si agreables apparences, nous aurions bientôt une égale satisfaction de nos souhaits.

Il repliqua que rien n'étoit si capable de la procurer qu'une jonction prompte & reciproque des Armes de l'Empereur de France avec les siennes contre les Espagnols nos ennemis communs, & qu'il en regardoit la Conquête, non seulement comme tres-facile & tres-avantageuse au Roy, mais encore comme le moyen le plus assûré pour élever jusqu'au comble la puissance & la gloire de Sa Majesté. Il s'étendit ensuite avec chaleur & pendant prés d'un quart-d'heure sur tout ce qu'il crût pouvoir flatter sa passion & ses desseins sur ce sujet, & conclud enfin que ne croyant pas qu'en vertu de l'Alliance qu'il vouloit contracter avec sa Majesté, elle pût luy refuser les secours qui lui étoient necessaires pour la reprise des places qu'ils possedent encore en son païs; & qu'il étoit fâché de n'être pas plus son Voisin dans une conjoncture qui lui étoit si agreable, & qui pouvoit lui devenir si utile.

Je dis à cela, que quand le traité que j'apportois seroit conclu & ratifié de part & d'autre, il seroit temps alors de s'ouvrir & de s'expliquer sur les besoins & les secours qui pouvoient unanimement en resulter; que c'étoit tout ce que j'avois à répondre pour l'heure à cet Article, mais que je pouvois bien l'assûrer que l'Empereur mon Maître, également puissant sur la terre & sur la mer, avoit des Flottes si formidables & si nombreuses dans la Mediterranée & dans l'Ocean, qu'elles le feroient toûjours fort bien appercevoir de son voisinage quand les occasions le requereroient.

Cette réponse équivoque ne lui ayant donné lieu à aucune replique, il dit à l'Alcayde Mehemeth Adou qui étoit debout, de prendre la lettre du Roy que je tenois en mes mains; mais comme je ne voulois la remettre que dans les siennes propres; je m'approchay aussi-tôt, & la luy ayant presentée dans un Porte-Lettre de Toile d'or, il la prit, la retira de son enveloppe, la baisa, la mit sur sa tête, pour marque de l'honneur qu'il lui rendoit, & la donna ensuite à cet Alcayde.

Aprés quoy je lui presentay les Gentilshommes qui m'accompagnoient, ausquels il fit un fort bon accueil: puis je le priay de vouloir bien agréer quelques curiositez de mon Païs que je prenois la liberté de lui offrir. Il contempla fort tous ces presents, qui lui plûrent beaucoup, & s'arrêta particulierement aux deux tapis qu'il croyoit venir des Indes, & qu'il témoigna estimer davantage, quand j'eus répondu à la question qu'il m'en fit, qu'ils avoient été faits à Paris.

Aprés avoir examiné le tout l'un aprés l'autre, & les avoir fait prendre par ses Noirs : il m'en fit ses remercimens, en protestant neanmoins qu'il ne les acceptoit, que parce que la Loy de son Prophete, lui permettoit de ne pas refuser ce qui lui étoit offert en témoignage de respect ou d'amitié, & aprés m'avoir dit que j'étois un bon Chrétien, & qu'il étoit fort content de moy, il ajoûta en soûriant, que la plus grande marque qu'il pût me donner de sa satisfaction & de l'estime qu'il avoit pour moy, étoit de m'exhorter & de prier Dieu de me convertir & de me faire Maure. A quoi je répondis en riant aussi, qu'encore que je sçusse parfaitement & tres-resolument à quoy m'en tenir, je ne laissois pas de recevoir avec beaucoup de reconnoissance ce témoignage de sa bonne volonté.

Sur cela il fit signe aux esclaves François de s'approcher, & s'étant tous jettez le Ventre à Terre à ses pieds, il en choisit quatre des plus jeunes, & me dit, en leur faisant signe de s'éloigner, qu'il me les donnoit pour mon Dîner : à quoi je répondis qu'il ne pouvoit me regaler d'aucun mets qui me fût plus agreable ; mais que je le priois de considerer, que ce qui le composoit ne feroit que me mettre en appetit ; il se leva ensuite, remonta à Cheval, & ordonna qu'on me remenât, l'Alcayde caydeMehemeth ben Adou Atar me reconduifit jufqu'à la Porte de marbre, & vint me vifiter de la part du Roy auffi-tôt aprés mon Dîner.

J'allay voir fur le foir Mouley Zidan le Fils du Roy, lequel aprés quelques Complimens reciproques, me dit auffi en me prefentant un efclave François qui étoit prés de lui, que pour reconnoiffance de ce que je lui apportois (car je n'y allay pas fans de bons prefents) il me le donnoit pour mon fouper, à quoi je répondis en l'en remerciant, qu'ayant appris déja par le bruit de fes exploits, combien il imitoit le Roy fon pere en valeur, j'avois beaucoup de joye de voir & d'éprouver qu'il fçût encore fi bien l'imiter en generofité.

Les jours fuivans ayant été employez à examiner avec le Miniftre du Roy de Maroc nôtre Traité, & ce Prince déterminé à partir pour une Expedition qu'il méditoit contre quelques Maures revoltez dans le Voisinage d'Oran, n'ayant pris sa resolution de me congedier que la veille de son départ, on vint m'appeller precipitamment pour ce sujet à sept heures du soir, & sans m'en avoir fait avertir auparavant.

# AUDIANCE.

## DE CONGE.

Elle me fut donnée le dix-neuviéme Juin, le Ceremonial de la Conduite fut semblable à celui de la premiere, mais l'humeur & les vûës du Roy de Maroc & de ses Ministres l'en rendirent entierement differen-

DE MAROC. 177

tes quant à l'agréement de l'entretien & à sa conclusion.

Je fus averti en y allant que ce Prince étoit en fort mauvaise humeur, & presque hors de soy-même, à cause d'une execution qu'il venoit de faire à coups de Coûteau sur deux de ses principaux Noirs.

Cela m'ayant donné lieu à m'y preparer, arrêta en quelque façon l'horreur & la surprise de l'état où je le trouvai, laquelle auroit sans doute été beaucoup plus grande sans cette prévention.

On me fit entrer dans le Palais plus avant que je n'avois encore fait. On me mena jusqu'à l'entrée des Ecuries qui me parurent fort belles & tenuës tres-proprement.

Elles sont composées de plusieurs grandes Arcades à droit & à gauche, dont chaque Cheval à la sienne separé, & n'y

I 2

est attaché qu'à un Piquet & par des Entraves qu'on luy met aux pieds. On n'y voit ni auge, ni ratelier: les Chevaux y mangent à terre, & la coûtume en est établie, à ce qu'on m'a dit, sur ce que les Maures y mangeant ainsi, ils ne veulent pas que ces animaux ayent plus de privilege & de commodité qu'eux.

Aprés m'étre arrêté quelque temps en cet endroit, j'y vis paroître le Roi qui venoit à moi de loin monté sur un Cheval blanc, tres-beau, & tres-richement enharnaché, ayant une selle d'or avec tous les fournimens de même, & le Poitrail garni de pierreries en quelques endroits. Il tenoit une Lance de la forme & de la longueur de nos piques, sur laquelle il s'appuyoit de temps en temps. Pendant que je lui parlois, il avoit la Face découverte, & étoit fort bien vêtu; mais outre qu'il portoit une veste jaune (couleur remarquée parmi les siens, être presque toûjours fatale à quelqu'un d'eux) son Bras droit & ses Habits étoient encore tous couverts du sang de ces malheureux qu'il venoit de tuer: aussi faisoit-il voir sur son visage & dans ses contenances un air égaré & furieux, qui representoit parfaitement le caractere de cette action.

Il n'étoit suivi que de quelques esclaves & de quelques Noirs, tous tremblans; car sa colere & la frayeur avoient entierement écarté tous ses Alcaydes; quelqus-uns neamoins se rapprocherent peu à peu pendant l'Audiance, que ce Prince ouvrit lui-même par son terme ordinaire de *Tay buon*, surquoy je pris occasion de lui dire.

# COMPLIMENT
## DE
# L'AUDIANCE
## DE CONGE'.

SIRE,

J'aprens que VÔTRE MAJESTE' part pour quelque Expedition glorieuse, je viens lui en souhaiter un heureux succés, & selon sa coûtume, un retour glorieux & triomphant; *Ce Roy m'interrompit en cet endroit pour repeter deux ou trois fois en levant les Yeux au Ciel*, Exhallah, Exhallah, *qui signifie, Dieu le veüille, aprés quoi je continuai à dire*, j'assûre aussi VÔTRE MAJESTE', que j'en porteray la nouvelle à l'Empereur mon Maître avec plaisir, si elle est acccompagnée, comme je l'espere, de l'execution de ce que vous lui avez écrit, & fait témoigner par le Consul de Salé touchant la paix.

Car les paroles & les écrits des Rois devant être invariables, je ferois tort à la gloire de VÔTRE MAJESTÉ, si j'étois capable de concevoir le moindre soupçon contre la fidelité de ses engagemens à cet égard. VÔTRE MAJESTÉ sçait combien il est de son interest & de son honneur, d'en persuader & ses Sujets, & les differentes Nations qui sont en sa Cour, & c'est aussi sur ce fondement que je veux bien croire, de ne devoir attribuer le silence de Vôtre Ministre depuis la discution que nous avons fait ensemble & par vos Ordres du Traité que je lui ai fait voir & mis en main, qu'au plaisir que

VÔTRE MAJESTÉ s'est voulu reserver de m'en annoncer elle-même l'heureuse & agreable conclusion ; & principalement sur l'article de la Liberté reciproque des Esclaves des deux Nations, sur lequel ce Ministre n'a point voulu entrer en pourparler.

Toutefois, SIRE, je me crois en obligation de vous representer, qu'une chose que vous avez souhaitée si publiquement, & qu'il vous est si aisé de terminer, sembloit demander une decision plus prompte & dans un temps moins precipité, que celui qui paroît rester jusqu'à vôtre départ: vous avez témoigné desirer la paix, vous avez offert ou demandé un Ambassadeur pour la conclure, & vous en avez montré tant d'empressement, que vous m'avez fait l'honneur de me dire à mon abord, que vous étiez prest d'en envoyer un en France pour ce même sujet, si je ne fusse arrivé.

Cependant je suis dans vos Etats depuis deux mois, & depuis trois semaines à vôtre Cour, vous m'y avez reçû avec des témoignages de satisfaction & de bonté toute particuliere, je vous ai presenté mes Ordres, & quoique le Commissaire que vous avez nommé pour leur examen, m'ait fait des objections peu attenduës sur des choses déja reglées par Vôtre Majesté, je n'ai pas laissé de lui faire voir sur trois Articles qui ne meritoient pas assûrement ces difficultez, que je voulois apporter de ma part tous les temperamens possibles pour conclure agreablement ledit Traité.

Depuis ce temps neanmoins il semble qu'il ait voulu reduire cette affaire à l'impossible par une difficulté nouvelle & inouïe qui feroit douter que VÔTRE MAJESTE' fut veritablement portée à la paix, & qui la rendroit entierement insubsistable, si VÔTRE MAJESTE' y persistoit; je l'en ay convaincuë par de fortes raisons, que je serois prest encore de repeter à VÔTRE MAJESTE', si je n'étois pas persuadé qu'il l'en a informé.

De maniere, SIRE, qu'il ne me reste qu'à vous demander avant vôtre départ l'approbation & la signature de ce Traité, que je vous presente, & à vous protester que je partirai content, si apprenant la continuation & le progrez de vos Conquêtes ordinaires, je puis rapporter encore à l'Empereur mon Maître, l'effet & l'accomplissement de Vôtre parole Royale, sur ce qui m'a procuré l'honneur & le plaisir de satisfaire la grande idée que je m'étois formé de VÔTRE MAJESTE'.

Les réponses du Roy de Maroc à ce compliment, & tout l'entretien de cette Audiance, roullerent sur des propositions si extraordinaires, si peu conformes aux motifs qu'il avoit fait paroître pour engager cette negociation, & si opposées à la Lettre qu'il en avoit écrite au Roy, & qu'il dénia si autentiquement, que j'ai jugé plus honnête & plus à propos pour la reputation de ce Prince, de les consacrer au silence, que de le trop exposer au blâme du public en les rapportant.

# OBSERVATION
## A FAIRE
### SUR
## LE SUJET DE L'ENVOY
## DU Sr DE St OLON,
## A MAROC.

COmme la Lettre du Roy de Maroc dont j'ay parlé dans quelques endroits de cette Relation, & dont j'ay fait voir que le déni avoit servi de pretexte à l'inexecution de ce qu'elle contient: Comme cette Lettre, dis-je, a été la cause & le fondement de la resolution que le Roy a prise de m'envoyer vers lui, je croi que pour l'intelligence de l'entreprise & du dénouëment de cette affaire, il ne sera pas hors de propos d'inserer non-seulement ici la copie de cette Lettre; mais aussi d'y ajoûter celles que ce Prince m'a fait remettre lors de mon départ, tant pour Sa Majesté que pour moy-même, & ce que j'y ay répondu, afin que la confrontation de l'une aux autres fasse encore mieux juger de son caractere, de ses intentions & des mesures qu'il y a à prendre sur ses propositions, sur ses Paroles, & sur ses Ecrits.

# LETTRE DU ROY
# DE MAROC.
## AU ROY.

AU plus grand des Rois & Princes Chrêtiens d'Europe le Monarque de la Nation Françoise, le Maître de ses Royaumes & Climats, & l'Arbitre Souverain des Actions & Volontez de ses Peuples LOUIS XIV. le Salut de Paix à ceux qui suivent les voyes de la verité.

Au nom de Dieu, clement & misericordieux, auquel nous demandons secours, n'y ayant point de force ni de puissance que dans sa haute Grandeur.

De la part du Serviteur de Dieu, Tres-Haut, Victorieux par

*ordre de Dieu, & qui se confie en lui dans toutes ses entreprises, le Miralmoumounin ou Prince des vrays Croyans, qui combat dans la voye du Seigneur de ce Monde & de l'autre, le Prince de la Haute Tribu de Hachém, Ismaël Fils d'Elcherif de la Lignée de Hassan.*

VOTRE MAJESTE' sçaura qu'un Marchand Chrétien, Fils du Consul Estelle, s'est rendu en Nôtre haute Cour, où il a dit avoir en main un Ordre & des Pouvoirs de VÔTRE MAJESTE'; puis il nous a fait voir une Lettre qu'il prétend être de Vôtre part, qui porte permission audit Estelle Fils, de conferer avec nous, comme il le jugera à propos, au sujet de vos Affaires & de vos Intentions, & méme qui lui donne pouvoir de gerer ce qui vous regarde auprés de Nôtre

Haute Majesté que Dieu conserve.

Nous n'avons point revoqué en doute que la Lettre fût de Vôtre part, non plus que les Pouvoirs; mais nous n'avons pas voulu donner Creance audit Estelle, & nous n'avons pas jugé à propos de conferer avec luy sur ces affaires, à cause que c'est un Marchand, & que ce n'est pas un des grands Seigneurs de Vôtre Cour, ni de vos principaux Officiers, n'étant pas le fait des Marchands de conferer avec les Rois, ni de gerer les affaires qui surviennent entre les Potentats : Un Marchand peut parler de ce qui concerne son trafic : il peut aussi contribuer de ses soins à faire sçavoir des Nouvelles de part & d'autre, & faire tenir un Papier, ou être le Porteur d'une Lettre, & faire la même chose des deux côtez, cela se peut;

mais c'eſt tout ce que peuvent profiter les Paroles d'un Marchand, & rien davantage.

C'eſt pourquoy, ſi VÔTRE MAJESTÉ a une veritable intention de parler d'Affaires à fonds, & avec ſincerité, qu'elle nous envoye un des Grands Seigneurs de ſa Cour, ſur les parolles de qui l'on puiſſe faire fonds, y ajoûter Creance, & conferer avec lui, qui vienne nous trouver à ce deſſein & dans cette intention : ou bien ſi vous aimez mieux que nous vous envoyions un de nos meilleurs Serviteurs & des plus Grands Seigneurs de Nôtre Haute Cour, faites partir un de vos Navires pour le tranſporter de Nôtre Païs au Vôtre, & Nous l'enverrons auſſi-tôt avec bons Pouvoirs.

La principale Affaire dont Nous avons à traiter avec Vous, eſt au ſujet des Eſclaves de Vôtre Nation qui sont chez Nous, afin d'en faire l'échange d'un Chrétien pour un Maure, tête pour tête, Nous ne vous demandons que ceux de Salé & de sa Ville attenante nommée Rabat, de Metoüan, de Fez, d'Alcassar, & de Miquenez, qui ont été pris depuis dix ans, jusqu'à six & quatre, & encore moins que cela, car ceux qui sont d'autres Villes que les susdites, & ceux qui ont été pris avant dix ans, nous ne nous soucions pas d'en traiter.

Si douc vous le jugez à propos, envoyez quelqu'un de vos Officiers que vous consideriez, & ordonnez-lui d'emmener auec lui tous les Esclaues ci-dessus specifiez qui sont en France, & de se rendre à l'embouchure d'un de nos Ports, nous traiterons avec lui dans la maniere la plus convenable qu'il sera possible. Nous lui donnerons vos Esclaves, & nous recevrons de lui les nôtres tête pour tête, en sorte qu'il ne retournera point que son affaire ne soit terminée, s'il plait à Dieu; à l'égard d'envoyer une Personne de Qualité de Vôtre part, ou un de Vos Navires pour embarquer nôtre Ambassadeur, vous ferez celui des deux que vous jugerez le plus convenable, & Dieu est celui qui seconde les entreprises, & auquel il se faut confier, à lui seul sont dûës loüange & gloire; & la Paix soit donnée à ceux qui suivent les voyes de la verité. Ecrit à la fin de Rabia, l'an de l'Hegire 1103. c'est à dire, au mois de Decembre 1691.

# LETTRE DU ROY
## DE MAROC
### AU Sr DE St OLON.

*A l'Ambassadeur du Grand Roy des François, SALUT, & à ceux qui suivent les inspirations de la verité.*

VOus sçaurez que nous sommes fâchez que vous retourniez comme vous étes venu; quand vous étes arrivé nous étions sur le point de partir pour aller contre la Nation nommée Benjamer qui frequentoit parmi les Chrétiens contre nos Ordres & sans raison, nous y avons fait marcher dix mille Chevaux, & taillé en pieces tous ceux qui ont voulu nous resister, fait prisonniers une partie, & donné la liberté aux autres ; vous étes arrivé dans le temps que nous étions occupez à cela , & lorsque vous avez été en nôtre presence, nous avons crû que c'étoit pour nous proposer quelque affaire importante ; & pour nous dire que vous étiez prest de vous joindre à nous contre les Espagnols, & de concerter ensemble la maniere de les attaquer & de les vaincre ; moyennant quoy nous aurions fait tout ce que vous auriez souhaité de nous avec raison ; nous vous avons même dit que nous ferions avec vous les mêmes Traitez que vous avez fait avec le Grand Seigneur qui est nôtre Frere dans la Loy ; & dans cette pensée nous nous sommes réjoüis de vôtre venuë , & nous vous l'avons témoigné d'abord que vous avez paru à nôtre Haut Trône que Dieu protege , mais comme vous n'étes venu que pour parler des Esclaves François, & non pour autre chose, & que vous n'avez pas executé la commission que nous avions donnée au Fils d'Estelle marchand Chrétien, de nous choisir & apporter des Corps de Cuirasse, quelque Sabre riche & singulier, quelque precieux bijou du tresor de vôtre Empereur, & autres raretez magnifiques, & qui pussent être de nôtre goût, nous n'avons pas jugé à propos de vous écouter; nous sommes étonnez que vous preniez confiance en un marchand Chrétien tel qu'Estelle, qui n'a point de parole, & que vous l'ayez même amené avec vous jusqu'ici; car deviez-vous y venir pour le sujet d'environ deux cens Esclaves qui y sont?

Nous n'avons pas jugé à propos de vous les accorder, parce que nous ne sommes pas comme les Algeriens & leurs semblables, avec qui vous avez coûtume d'en traiter, mais si vous aviez apporté de riches presents, ou proposé quelqu'affaire importante, comme celle que nous venons de vous expliquer, alors nous vous aurions écouté & quitté même nôtre armée pour vous satisfaire, & nous aurions échangé les esclaves François, que nous avons contre ceux de nos sujets qui sont dans vôtre Royaume.

Cependant comme nôtre Fidelle Aly Fils d'Abdalla, a vû que vous étiez retourné de Miquenez sans profit, il vous a retenu, & comme il sçait toutes les affaires de la Marine & de ses Ports, & ce qui est necessaire aux uns & aux autres, nous lui avons donné nos Ordres, & tout ce qu'il fera sera bien fait, n'ayant pas voulu vous renvoyer que vous ne fussiez content, &
c'est

c'est pour vous en informer que nous vous écrivons. SALUT à ceux qui suivent les voyes de la verité. Ecrit le dixiéme jour de Zil adge el Haran 1104. c'est le treiziéme Aoust 1693.

# REPONSE
## DU Sr. DE St OLON
## AU ROY DE MAROC.

SIRE,

J'ay reçû hier par les mains de l'Alcayde Aly ben Abdalla la Lettre dont il a plû à VÔTRE MAJESTÉ de m'honorer, & j'y ay vû sans surprise la confirmation de ce que la Renommée avoit déja pris soin de publier ici du progrés des armes de VÔ-TRE MAJESTE', que la valeur & la victoire accompagnent toûjours.

Quant à ce que cette Lettre contient des motifs de mon Ambassade en vôtre Cour, j'aurai l'honneur de vous dire pour y répondre en peu de mots, que personne ne pourra croire qu'il pût y en avoir un sujet plus important & plus convenable à l'état de Gloire & de Grandeur où VÔTRE MAJESTE' se trouve à present, que l'alliance & l'établissement d'une bonne paix avec l'Empereur mon Maître, dont VOTRE MAJESTE' sçait si bien que la puissance & les Vertus font aujourd'hui l'envie, la terreur & l'admiration de toute l'Europe.

D'ailleurs, SIRE, vous ne sçauriez avoir oublié que vous avez fait témoigner & écrit vous-même à l'Empereur mon

Maître par le Consul Estelle, que vous avez fait passer deux fois en France pour ce sujet, que vous n'aviez rien de plus à cœur que la conclusion sincere & solide de cette paix. Vous en avez même fait paroître tant d'empressement que vous avez bien voulu me dire publiquement en ma premiere Audiance, que si mon arrivée eût encore tardé de quelques jours, vous étiez sur le point d'envoyer des Ambassadeurs à Sa Majesté Imperiale pour lui confirmer ces sentimens.

Si lors de l'envoy de ce Consul vous eussiez eu les desseins qui paroissent vous avoir été suggerez depuis, vous auriez apparemment chargé ledit Consul d'en ouvrir les propositions à l'Empereur mon Maître, & selon les mesures & les resolutions que sa Majesté Imperiale y auroit prises, j'aurois eu les mêmes Ordres & pouvoirs pour en traiter avec Votre Majesté même, que ceux dont l'Empereur mon Maître m'a honoré sur ce que vous lui avez écrit.

Mais il y a lieu de croire qu'en ce temps-là Vôtre Majesté s'étoit laissée conduire par les Conseils également zelez & judicieux de l'Alcayde Aly qui connoît parfaitement ce qui convient aux avantages de Vôtre Majesté, qui aime veritablement vôtre Personne & vôtre Gloire, & que je dois vous certifier d'avoir connu ici pour le plus fidele & le plus affectionné de tous vos Sujets; si Vôtre Majesté, disje, n'en eût point consulté d'autre, elle auroit sans doute suivi & conduit à leur fin ses premiers projets, lesquels outre l'abondance & la seureté qu'ils auroient procuré au Commerce de vos Sujets, vous auroient encore rendu formidable à vos Ennemis.

J'espere, SIRE, que quand Vous y aurez fait vos reflexions, & que Vous les aurez communiquées à ce fidele Alcayde, vous reprendrez des resolutions plus convenables à vos interests, & que vous agréerez ce que l'estime & le respect que j'ay pour vous, m'engagent à vous representer; vous assurant au surplus que si j'étois assez heureux pour que mon ministere pût contribuer à vous obtenir, de l'Empereur mon Maître ce que je connois Vous être si necessaire & si avantageux, je m'y employerois avec toute l'ardeur que Vous sçauriez souhaiter de celui qui est parfaitement,

SIRE,

DE VÔTRE MAJESTE'
Le Tres-humble, &c.

# LETTRE

Que le Roy de Maroc a écrite & envoyée au Roy par le Sr de St Olon.

*Au plus Grand Prince des Chrétiens, le Monarque du Royaume de France LOUIS XIV. Dieu donne sa Paix à ceux qui suivent les inspirations de la verité.*

1693. VOstre Majesté, sçaura qu'aussi-tôt que Vôtre Serviteur l'Ambassadeur est arrivé sur les Terres bien-heureuses de Nôtre Obeïssance, nous en avons été informez par Nôtre Fidele Conseiller & Serviteur l'Alcayde Aly Fils d'Abdalla, qui Nous a demandé la Permission & les Ordres necessaires pour le faire conduire en nôtre Cour, nous les lui avons accordez agreablement dans l'opinion que nous avions qu'il ne venoit que pour traiter des affaires de la derniere consequence, & qui nous achemineroient à obtenir tout ce que nous defirerions de Vôtre Majesté, & elle tout ce qu'elle pourroit defirer de nous.

Mais aprés qu'il est arrivé à nôtre Haut Trône, que nous lui avons parlé, & que nous l'avons interrogé amplement, nous avons connu qu'il n'étoit chargé que de propofitions qui concernoient les esclaves ; & nous ne l'avons pas trouvé revêtu de pouvoirs necessaires pour traiter avec nous d'autres affaires ; ce qui ne nous ayant pas paru assez confiderable nous n'avons pas jugé à propos d'en traiter avec luy, étant certain que le sujet de son Ambassade auroit pû s'executer aussi-bien par les mains d'un simple marchand, dont la Dignité seroit bien au dessous de la sienne.

Aussitôt qu'il s'est retiré de nôtre presence Royale, nous avons remis l'expedition de ses affaires à nôtre fidele Serviteur l'Alcayde Aly Fils d'Abdalla, en consequence de l'autorité & du Commandement General dont il est revêtu par nôtre Ordre Souverain dans tous nos Ports, Villes, Bourgs, & Tributs de nos Côtes maritimes, nous lui avons permis de negocier avec vôtre Ambassadeur, & nous luy avons donné un pouvoir suffisant pour tout ce qu'il traitera & contractera avec lui dans les affaires de la plus grande importance, en cas que cet Ambassadeur eût aussi quelque plein pouvoir incontestable & indissoluble, tel que l'a ce Nôtre Serviteur; qui negociera avec lui ce qu'il jugera à propos, tant pour le present que pour l'avenir.

Au reste, le Salut de Paix soit donné à ceux qui suivent les inspirations de la verité. Ecrit le dixiéme jour du mois Zil hadge dernier de l'année 1104. c'est-à-dire, le dix-huitiéme Aoust de l'an de Grace 1693.

# LETTRE

Que l'Alcayde Aly, Fils d'Abdalla, Ministre du Roy de Maroc pour la Marine, a écrite & envoyée au Roy par le Sieur de Saint Olon.

*Au Nom de Dieu le misericordieux, le Miserateur n'y ayant point de force ni de puissance que par lui, étant le Tres-Haut, & le Tres-grand*

*A celui dont la Dignité & la Puissance l'ont élevé sur tous les Princes de sa Religion, & dont le desir de Gloire & la Valeur, l'ont rendu redoutable à toutes les Nations Chrétiennes, le Majestueux Empereur de*

France LOUIS le GRAND Quatorziéme du Nom. Dieu donne la Paix à ceux qui suivent les inspirations de la Verité.

Nous dirons à VÔTRE MA- 1693. JESTE' que Vôtre Fidele l'Ambassassadeur de Saint Olon étant arrivé à Nous avec sa suite, Nous nous sommes entretenus avec lui assiduëment, & Nous avons demandé Permission à Nôtre Victorieux Monarque, pour qu'il se transportât de ce Lieu-ci à sa Cour, & ayant obtenu cette Permission, Nous lui avons donné les moyens d'arriver à ce Trône Glorieux; aprés qu'il a été de retour de la Cour de Nôtre Maître, il s'est rendu à la Ville de Tetoüan, & comme Nous étions alors de sejour dans la Ville de Tanger (que Dieu protege) Vôtre Ambassadeur Nous a écrit, & Nous a donné avis qu'il n'avoit pas terminé ce qu'il defiroit de la Cour de mon Empereur; c'eſt pourquoy nous avons en diligence renvoyé vers ſa Majeſté pluſieurs Lettres reïterées pour luy demander l'éclairciſſement de ſes Volontez au ſujet de cette affaire, ce que Nous avons fait par deux ou trois fois, & à toutes les fois il a répondu que toute ſon intention Royale étoit de negocier un Traité de Paix veritable en termes clairs & ſinceres concernant des affaires de la plus grande conſequence qui demeurât ferme & permanent, & par le moyen duquel on pût venir à bout des entrepriſes les plus importantes & les plus conſiderables, tel que VÔTRE MAJESTE' en a un avec les Gens de Conſtantinople.

Mais cet Ambaſſadeur étant ſeulement venu au ſujet des Eſclaves; il eſt certain que le nombre en est si petit & de si peu de consequence, que s'il les avoit demandé *gratis* à Nôtre Moullana, que Dieu fasse triompher, il ne les luy auroit pas refusez en consideration de VÔTRE MAJESTÉ.

L'Empereur mon Maître m'a aussi fait sçavoir, que pour le Traité qui regarde la Marine, il n'y avoit aucune opposition de sa part, mais qu'il ne s'en soucioit pas beaucoup, & qu'il n'étoit pas necessaire de faire un Traité pour un interest de si petite consequence.

C'est ce que m'a répondu l'Empereur mon Maître que Dieu rende Victorieux; pour nous, Dieu nous est témoin que nous nous sommes employez pour Vôtre Ambassadeur en tout ce qu'il a desiré, comme nous aurions fait pour nous-mêmes, & peut-être davantage.

Et en dernier lieu, je me suis

attaché à conferer avec lui tête à tête, & Nous nous sommes entretenus fort long-temps touchant divers Points qu'il a parfaitement compris, & qu'il a fort bien gravez dans son esprit; il en rendra compte à VÔTRE MAJESTE', comme Nous lui en avons rendu compte.

Au reste, le Salut de Paix soit donné à ceux qui suivent les inspirations de la Verité.

Ecrit le quinziéme de Zil adge l'an 1104. c'est-à-dire, le dix-huitiéme Aoust 1693.
Par le Serviteur du Trône élevé par la grace de Dieu, Aly Fils d'Abdalla Hamamo que Dieu protege.

# LETTRE

De l'Alcayde Aly ben Abdalla à Monsieur de Pontchartrain.

*Dieu veüille que cette Lettre arrive au Grand Visir Pontchartrain, premier Ministre d'Etat du plus Grand Monarque de la Chrétienté. Le Salut de Paix soit donné à celui qui suit les Voyes de la Verité.*

*Au nom de Dieu le Misericordieux, le Miserateur n'y ayant point de force ni de puissance que par lui, étant le Tres-Haut, & le Tres-grand.*

Nous avons reçû Vôtre Lettre, & nous avons compris la teneur de ce que Vous

1693.

nous y mandez. Vous nous priez d'avoir soin de l'Ambassadeur Saint Olon ; sçachez qu'aussitôt qu'il est arrivé à Nous, & qu'il a débarqué dans le Lieu où Nous étions, Nous en avons informé le Roy nôtre Maître toûjours Victorieux, & lui ayant demandé Permission pour lui il nous a permis de le laisser aller vers lui, s'imaginant qu'il étoit venu avec un plein & ample Pouvoir de vôtre part ; mais étant arrivé à la Cour Royale, & sa Majesté s'étant informé de lui, elle ne l'a trouvé revêtu d'aucun Pouvoir que de celui de traiter touchant les Esclaves ; c'est pourquoy il n'a pas pû avoir avec elle une plus grande conference, à cause qu'il n'avoit pas des Pouvoirs autentiques.

Depuis qu'il a été de retour de la Cour, j'ay écrit deux ou

trois fois à Nôtre Empereur touchant son Affaire, & il m'a répondu, qu'il m'avoit déja dit qu'il me donnoit tout pouvoir de conclure ce que je jugerois à propos avec 'Ambassadeur; s'il se trouvoit revêtu de pleins & amples Pouvoirs de traiter des Affaires de grande consequence, qui conduisent à l'accomplissement de tout ce que l'on peut desirer de Vôtre part, comme aussi de ne rien conclure s'il n'étoit pas revêtu de ces Pouvoirs.

Cependant l'Empereur Nôtre Maître toûjours Victorieux a écrit au Vôtre, & l'a pleinement informé de cette Affaire, Nous-mêmes aussi avons conferé avec Vôtre Ambassadeur de Saint Olon, tête à tête, Nous lui avons dit nos sentimens, Nous lui avons fait entendre ce que Nous desirions, & Nous lui avons declaré toutes choses amplement & entierement.

Lorsqu'il sera arrivé en Vôtre Cour, & qu'il vous en aura rendu compte, écrivez-nous quel sera vôtre sentiment, & nous vous ferons réponse sur ce que vous desirerez, continuant à avoir correspondance de Lettres sur tout ce qui sera convenable au bien commun des deux Empires. Et le Salut soit donné à celui qui suit les Voyes de la Verité.

Ecrit le quinziéme de Zil adge l'an 1104. c'est-à-dire, le dix-huitiéme Aoust 1693.

Par le Serviteur du Trône Royal, Aly Fils d'Abdalla Hamamo, que Dieu protege.

# AUTRE OBSERVATION POUR SERVIR DE MEMOIRE.

UN Mestre de Camp Espagnol, esclave à Miquenez, ayant traité de sa liberté avec le Roy de Maroc, moyennant une épée de prix qui avoit été prise autrefois sur un Roy Maure, & que ce Prince souhaitoit fort de retirer d'Espagne où elle étoit: Cet Officier la fit non-seulement venir & presenter à ce Roy sur l'assûrance qu'il avoit crû devoir prendre en sa parole, mais il y joignit encore un Bijou considerable, dans la vûë de s'en procurer une plus prompte & plus agreable execution.

Il lui parut d'abord qu'il ne s'étoit pas trompé dans ce projet. Le Roy de Maroc prit l'épée & le Bijou avec des témoignages de joye & d'agréement qui lui attirerent outre la liberté qu'il lui avoit promise, celle de son Valet dont ils n'étoient point convenus. Il lui donna aussi une Lettre portant Ordre à l'Alcayde Aly ben Abdalla, Gouverneur de Tetoüan, de les laisser sortir sans trouble ; mais cette Lettre ayant été dévancée par un ordre secret de les retenir, ce pauvre Officier se vit bien-tôt frustré de ses esperances, & du fruit qu'il avoit lieu d'attendre de son present.

Ses remontrances & ses plaintes ne furent pas plus utiles que sa Convention, & ne lui attirerent d'autre réponse de cet Alcayde, si ce n'est que le Roy son Maître ne s'étoit pas souvenu en le renvoyant du serment solemnel qu'il avoit fait de ne donner jamais la liberté aux Espagnols que par l'échange de dix Maures pour un, qu'ainsi il ne falloit pas qu'il espérât la sienne autrement qu'à ce prix-là.

L'accord fait avec le Roy de Maroc, l'épée & le present qui lui avoient été donnez en consequence, & la Lettre qu'il en apportoit, furent des oppositions tres-justes, mais tres-inutiles contre l'injustice criante de ce procedé; & aprés bien des contestations & des delais, cet Officier qui d'ailleurs étoit Homme de qualité, ne se tira d'affaire que moyennant onze Maures qu'il eut encore le credit de faire venir d'Espagne, & qu'il donna sçavoir dix pour lui, & un pour son Valet, encore lui fit-on passer pour une grace singuliere le bon marché qu'on lui faisoit pour son Valet

Voilà un exemple recent & bien remarquable des mesures qu'on peut prendre sur les engagemens & les paroles de ce Prince-là & de ses Alcaydes.

En voici encore une autre du même caractere.

Un Maure nommé Hadgy Achmeth de Maroc ayant été pris & amené en France, trouva moyen aprés vingt-huit années d'esclavage sur les Galeres de se racheter & de s'y échanger pour le nommé Venelle de Provence, aussi esclave à Miquenez, sous la convention faite avec le Roy de Maroc, qui en donna sa parole à Venelle, & la confirma par écrit à Achmeth, que dés que ce Maure seroit arrivé en Barbarie, le François seroit aussi-tôt renvoyé en son païs.

Cet accord ainsi resolu & executé de la part des parents de Venelle, Hadgy Achmeth part, arrive à Miquenez, se prosterne devant son Roy, le remercie de sa liberté, & luy demande celle de l'esclave François, qui en devoit être l'échange & le prix.

Ce Prince luy répond qu'il est un Chien ; qu'il l'a trompé ; qu'il peut tirer dix mille écus de Venelle ; qu'il ne prétend point le rendre, & que pour lui puisqu'il est libre, il n'a plus rien à demander ni à faire que de s'en retourner chez soy.

Le Maure étonné de ces refus & pressé d'un sentiment d'honneur d'autant plus estimable en luy qu'il est peu ordinaire à ceux de sa Nation, se plaint de cette infidelité, represente au Roy sa parole & son écrit, & le sollicite & presse de l'executer, ou de lui permettre de retourner à Marseille. Le Roy nie son Ecrit, luy refuse ses demandes, & joint à l'ordre qu'il luy fait donner, de se taire de se retirer, des menaces de mauvais traitemens, & de la mort même, s'il persiste à l'importuner.

Cependant il y a cinq ans que cela dure sans que ce Maure ait desemparé Miquenez, où il n'a pas de quoi vivre, criant hautement contre l'injustice qu'on lui fait, ne perdant aucune occasion de se presenter au Roy, de s'en plaindre à lui, & protestant à tous les Alcaydes avec une fermeté Romaine, qu'il se laissera plûtôt tailler par morceaux que de se retirer sans obtenir ou la liberté de
Venel-

Venelle, ou la permission de s'aller remettre à Marseille entre les mains des parens dudit Venelle, & y reprendre les fers, dont on ne l'a tiré qu'à cette condition.

Cet Homme qui a de la raison & du bon sens, étoit tous les jours chez moy à Miquenez pour me solliciter d'interposer mes offres en sa faveur, & pour m'assûrer qu'il perdroit plûtôt mille vies, s'il les avoit, que de consentir à cette infidelité, il m'accompagnoit par tout, & mêmes à mes audiances, & il m'a fait plusieurs fois admirer autant sa constance & sa probité que la patience du Roy de Maroc à son égard, lui dont la politique & l'humeur le portent à tuer les siens si facilement, & pour des sujets si legers.

Mais cela a aussi achevé de me convaincre sur le peu d'assûrance qu'on doit prendre en ses promesses soit en paroles ou par écrit.

# FIN.

# TABLE

Des Matieres contenuës dans ce Livre.

Adoüar, ce que c'est  Page 19
Alcaçar.  29
Alcaſſave ou Palais de l'Empereur de Maroc.  73
Alcaydes en general.  106
Alcayde Abdalla Rouſſy.  121
Alcayde Aly ben Abdalla.  125
Alcayde Aly ben Ichou.  122
Alcayde Mehemeth Adou ben Atar.  123
Alcayde Omar Adou.  154
Amokadem ou Juge de Police.  112
Audiances données au ſieur de Saint Olon, par l'Empereur de Maroc.  153. & 176.
Bernou, ce que c'est.  94
Blanquille, Monnoye.  149

Cadis, ce que c'est. 110
Caractere des Affriquains. 37
Chevaux reputez Saints. 58
Cicognes. 30
Commerce de l'Empire de Maroc. 37
Dromadaires. 23
Ducat d'or & d'argent, combien il vaut. 149
Empire de Maroc, son Etenduë, & ses Limites. 10. & 15.
Enfans de L'Empereur de Maroc. 99
Enterremens des Affriquains. 54
Esclaves Chrétiens. 75
Ecoles d'Affrique. 81
Ecuries de L'Empereur de Maroc. 78
Feloux, Monnoye. 149
Femmes de L'Empereur de Maroc. 99
Forces de Mer & de Terre de l'Empereur de Maroc. 12. & 103
Galife ou Lieutenant du Gouverneur. 111
Habillement des Maures. 93
Histoire de Mouley Archy Roy de Tafilet. 2
Hôpital de Miquenez. 80
Jardins de Miquenez. 79
Jeux des Maures. 56

## DES MATIERES.

Insensez estimez Saints. 58
Juifs d'Affrique. 81
La Rache. 137
Lettres de l'Empereur de Maroc & de ses Ministres au Roy, à Monsieur de Pontchartrain, & au Sieur de Saint Olon. 189. &c.
Maniere de combattre des Maures. 115
Maniere de recevoir les Ambassadeurs. 70
Mariages des Maures. 86
Matamorres, ce que c'est. 76
Mehemeth Themin, Ambassadeur en France. 131
Meticalla, Monnoye. 150
Michoüart, ce que c'est. 77
Ministres de l'Empereur de Maroc. 123
Miquenez. 73
Monnoye d'Affrique. 148
Morabites, ce que c'est. 4
Moulla Ismaël Empereur de Maroc, & son Portrait. 60
Mouley Hameth Roy de Maroc & de Suz. 9
Mouley Mahameth, Roy de Tafilet. 2
Mouley Zydam, Fils de l'Empereur de Maroc. 99
Mouphty. 109

L 3

Noirs de la Garde de l'Empereur de Maroc. 118
Observation sur le sujet de l'Envoy du Sieur de Saint Olon à Maroc. 187
Observation pour servir de Memoire. 217
Occupation ordinaire des Maures. 57
Officiers principaux de l'Empereur de Maroc. 119
Pâques des Maures. 44
Pommes d'Or de Maroc. 16
Quintal d'Argent, combien vaut. 105
Recit de deux avantures singulieres à deux differents Esclaves. 218
Religion des Maures. 40
Renegats. 77
Repas des Maures. 90
Revenus de l'Empereur de Maroc. 104
Roues ou Ecuries de Miquenez. 78
Royaume de Fez. 21
Royaume de Suz. 31
Royaume de Tafilet. 33
Salé. 28
Sebou Fleuve & son Pont. 22
Tetoüan. 12

Tresor de l'Empereur de Maroc. 106

Voisins de l'Empereur de Maroc. 138

*Fin de la Table.*

# CATALOGUE.

LE Grand Dictionaire Historique ou melange curieux de l'histoire sacrée & profane, par Moreri, fol. 4. vol. Nouvelle Édition augmentée.

Atlas nouveau par Sanson, contenant toutes les Cartes Geographiques du Monde pour l'usage de M. le Dauphin dans un grand Volume, fol. 1694.

Atlas de Cartes Marines ou le Neptune François, contenant toutes les Côtes de l'Ocean, levées & gravées par ordre exprés du Roy de France, fol. fig. 1694.

Atlas de Cartes Marines pour l'usage des Armées Navales du Roy d'Angleterre; par M. Romain de Hooge, fol. fig. 1694.

Architecture nouvelle des Anciens & des Modernes par Vignole & autres, avec un Dictionaire d'Architecture & des notes par Daviler, 4. 2. vol. fig. 1694.

Art de conserver la santé, 12.

—— — de vivre heureux selon les principes de Descartes, 12.

Ames des Bêtes, 12.

Architecture generale de Vitruve en abbregé par M. Perrault de l'Academie des Sciences à Paris, 12 fig.

Apophtegmes, ou bons mots des Anciens, par M. d'Ablancourt, 12. 2. vol. 1694.

# CATALOGUE.

Bibliotheque des Auteurs Ecclesiastiques, contenant l'histoire de leurs Vies, le Catalogue, la Critique & la Chronologie de leurs Ouvrages, par M. Dupin Docteur de Sorbonne, 4. 6. vol. 1694.

Bentivoglio Lettres diverses Ital. Franç. 12.

Cours de Philosophie suivant le système & les principes de Descartes, par M. Regis, 4. 3. vol. fig.

Comedies de Terence traduites en François avec des Remarques, & le Latin à côté, par Me. Dacier, 12. 3. tom.

——————— d'Aristophane par Me. Dacier, 12.

——————— de Plaute Latin & François avec des notes par Me. Dacier, 12. 3. vol.

Chirurgie pratique, medicale & raisonnée par Etmuller, 12.

Cabinet des beaux Arts, ou Recueil curieux de diverses figures gravées sur de tres-rares tableaux, où les beaux Arts sont representés, avec leur explication & des figures en taille douce, par M. Pérrault de l'Academie des Sciences, 4. fig.

Gemmæ & sculpturæ antiquæ ab Augustino 4. 2. tom. cum figur.

Cartes Nouvelles de Geographie à l'usage du Duc de Bourgogne. 1694.

Dictionaire des Mathematiques, ou L

# CATALOGUE.

dée generale des Mathematiques par Ozanam, 4. avec fig.

Les vies de Plutarque, traduites en François avec des remarques sur chaque Vie, 12. fig.

Elemens de Geometrie du P. l'Amy, 8. fig.

Estampes du fameux M. le Brun, en 13. grandes Planches excellemment gravées, 1694.

Elemens des Mathematiques du P. Prestet, 4. 2. vol. fig. 1694.

Estat de la Puissance Ottomanne, 12.

Forces de l'Europe avec le Plan de toutes les Places fortes par M. de Vauban, 4. 5. vol.

——— id. vol. 3. 4. 5. sep. 4.

Fortifications de Vauban, 8. Franç. & Allem. avec fig.

Fausseté des Vertus humaines par M. Esprit de l'Academie Françoise, 12.

Grammaire Grecque de Port-Royal, 12.

Histoire de Louis XIV. Roy de France, par Medailles, lesquelles representent l'Histoire de sa Vie & de ses actions tant en paix qu'en guerre, fol. fig.

——— de Louis XIV. & de son Regne jusqu'à present, 12. 2. vol. 1694.

——— de Guillaume III. Roy d'Angleterre avec fig. & toutes les Medailles, fol. 1694.

——— du Comte Tekely, 12. fig. augmenté, 1694.

# CATALOGUE.

Promptuarium Medicinæ Celebriorum Angliæ Medicorum, collectore Peckey. 11. 1694.

Dictionaire de Veneroni Italien & François, Nouvelle Edition augmentée. 4. 1694. Paris.

Histoire du Triumvirat d'Auguste, Marc-Antoine & Lepidus, 12. 2. vol. 1694.

―――― de Gustave Adolphe & de Charles Gustave, Rois de Suede, 12.

Histoire de l'Academie Françoise, 12.

―――― de la Papesse Jeanne par M. de Spanheim, 12. 1694.

Imitation de Jesus Christ, ou Consolation interieure de l'ame, traduite sur un Manuscrit nouvellement découvert, 12. fig. 1693.

Kempis Imitation de Jesus Christ, nouvelle traduction, 12. fig.

La Bataille de Darius & d'Alexandre en Estampes par Mr. le Brun en plusieurs grandes feüilles excellemment gravées.

―――― d'Alexandre & de Porus par le même.

Le Passage du Granique, par le même.

L'Entrée d'Alexandre dans Babylone, par le même.

La Tente de Darius avec sa Famille, par le même.

Medecin & Chirurgien des Pauvres. 12.

Menagiana ou bons mots, Rencontres agreables, & observations curieuses de

# CATALOGUE.

M. Menage, 12. nouv. edition augmentée.

Nouvelles Operations de Chirurgie par la Charriere, 12.

Sorberiana, ou bons mots & rencontres agreables de Mr. Sorbiere, 12. 1694.

Sermons du Pere Cheminais Predicateur ordinaire du Roi de France, 12. 2. vol. 1694.

Traité de l'Origine des Romans, par Mr. Huet Precepteur de M. le Dauphin.

Vie du Comte Tekely, 12. fig. 1694. augmentée.

——— de Descartes, reduite en abbregé, 12. fig.

Vie de Louïs de Bourbon, Prince de Condé, 12. 1694.

Valesiana ou bons mots & pensées agreables de M. de Valois, 12. fig. 1694.

Secretaire des Amans. 12. 1694.